週末、韓国へ

釜山（プサン）を楽しむおとな旅

上田瑞穂 著

JN112513

Mates-Publishing

Contents

インデックス‥‥‥‥‥‥‥‥‥‥‥‥‥　4
旅の基本情報‥‥‥‥‥‥‥‥‥‥‥　6
本書の見方・使い方‥‥‥‥‥‥‥‥　8

グルメ

Experience
1　釜山人気名物第一位！デジクッパを極めたい。‥‥‥　10
2　この町の新定番は、ナッチとチョッパル。‥‥‥‥‥　14
3　ソウルが牛なら、釜山は豚ですよ。‥‥‥‥‥‥‥‥　16
4　何にでもチーズはたっぷり LOVE LOVE チジュ♡ ‥　18
5　ホルモン好き、必食！間違いなしの３店です。‥‥‥　20
6　海鮮は旨みごといただきましょう。‥‥‥‥‥‥‥‥　22
7　タクシーに乗ってでも行きたい、カニ三昧の街。‥‥　26
8　南北の粉もの文化を徹底解剖。‥‥‥‥‥‥‥‥‥‥　28
9　飲んだ翌朝も、疲れた胃も、スープでリセット。‥‥　30
10　ホテルで朝食をとらないという選択肢、アリです！‥　32
11　温かい麺も、冷たい麺も、辛い麺も、優しい麺も。‥　34
12　屋台で隣の人と仲良くなっちゃおう！‥‥‥‥‥‥‥　36
13　南浦洞 VS 西面、２大大人気スイーツカフェ徹底比較！‥　38
14　定番カフェで地元っ子気分。‥‥‥‥‥‥‥‥‥‥‥　40
15　釜山って、コーヒーの聖地なんです。‥‥‥‥‥‥‥　42
16　釜山がクラフトビールの街だって、知ってました？‥　44
17　実は焼酎よりビール好きかも？ビアバー続々！‥‥‥　46
18　２軒目は、デザート代わりにマッコリが釜山流‥‥‥　48
19　ホテル部屋飲み調査！何を飲む？‥‥‥‥‥‥‥‥‥　50
20　F1963で、コーヒーにする?マッコリにする？‥‥‥‥　52
21　日本未上陸グルメを誰よりも早く！‥‥‥‥‥‥‥‥　54
22　レトロ空間でカフェも雑貨も楽しむなら、ヘリダンキル。‥　56
23　ソウルで大人気スイーツを、釜山でも！‥‥‥‥‥‥　58

ビューティー＆ヘルス

Experience
24　大人気ドラッグストア・オリーブヤングは外せない。‥　60
25　釜山一のラグジュアリーチムジルバンでデトックス。‥　62
26　南浦洞最先端トレンドストリート。‥‥‥‥‥‥‥‥　64
27　心も身体も休まるのは、やっぱり日系ホテル。‥‥‥　66

レジャー

Experience

28 インスタ映えするのはピンスとタワー。 …………… 68
29 ライトなハイキング＆ヘルシー料理。 …………… 70
30 釜山は海岸お散歩道がとてもキレイなんです。 …… 72
31 こんな町見たことない！町ごとアートの甘川文化村。 74
32 空も海も、海雲台の絶景スポット。 …………… 76
33 博物館のある町を、のんびりブラブラ。 …………… 78
34 お寺で心を休めましょう。あなたは山派？ 海派？ … 80
35 足をのばして、世界遺産巡りに行きましょうか。 … 82
36 春は公園で身体を動かすのにはいい季節！ …………… 86
37 ダイナミックな大陸のお花見を体験したい！ …………… 88
38 夏はキラキラの海を眺めに行こう。 …………… 92
39 秋はイベントの季節。釜山は大忙しのシーズン。 … 94
40 冬は温泉の町でのんびりしましょうか。 …………… 96
41 狙え、ビギナーズラック！ カジノ遊び方ガイド。 … 98

ショッピング

Experience

42 スーパー、農協、免税店… お土産はどこで買う？ …100
43 プチプラ土産、買ったものリスト。 …………… 102
44 雨の日は、百貨店に入りびたりもいいかも。 …… 104
45 いろんなところでテイクアウトグルメを食べよう！ …106
46 国際市場でトレジャーハンティング！ …………… 108
47 いろんな市場に行ってみよう！ …………………110

旅のテクニック

Experience

48 「アジョシ！」「アジュンマ！」勇気を出して呼びかけて。 …112
49 地下鉄を乗りこなしたらかっこいいかも。 ………… 114
50 新・釜山港国際旅客ターミナルを極めたい。 …… 116
51 帰る直前、ギリギリまで金海空港を堪能する。 …… 118

MAP ……………………………………… 120
A 釜山全体／B センタムシティ／C 海雲台／D 南浦洞
E 西面／F 大淵駅周辺／G 温泉場／E 慶州1／F 慶州2
奥付 …………………………………………… 128

Index

グルメ

元山麺屋（ウォンサンミョノッ）……………… 34
元祖釜山チョッパル（ウォンチョプサンチョッパル）…… 15
元祖ハルメクッパ（ウォンチョハルメクッパ）… 13
元祖ハルメナッチ（ウォンチョハルメナッチ）… 14
EGG DROP（エグドゥラッ）……………… 33
FM Coffee House（エフエムコピハウス）…… 43
Emack & Bolio's（エメック＆ボリオス）…… 55
OPS（オプス）……………………………… 106
オルバル食堂（オルバルシクタン）………… 25
Café Knotted（カペノティド）…………… 58
Café Layered（カペレイオドゥ）………… 59
カルメギブルーイング ……………………… 44
機張市場センター（キジャンシジャンセンター）… 27
機張テゲドメ（キジャンテゲドメ）………… 27
校洞法酒（キョドンポップチュ）…………… 85
ケミチブ海雲台（ケミチプヘウンデ）……… 14
ゴードンラムゼイバーガー …………………… 54
ゴリラブルーイング ………………………… 45
古来思オムク（コレサオムク）……………… 106
コンブル ……………………………………… 17
SAVOY2 号店（サヴォイ）………………… 47
ザ・コーヒービーンアンドティリーフ ……… 40
THE NORTH FACE WHITE LABEL
（ザ・ノースフェスホワイトラベ）………… 55
サムバリ …………………………………… 24
サンドゥンイデジクッパ …………………… 10
18 番ワンタン（シッパルボンワンタン）……… 35
Jamba juice（ジャンバジュス）…………… 55
ジョンヤジェ ………………………………… 48
シンチャントースト ………………………… 33
西面モクチャコルモック（ソミョンモクチャコルモック）… 37
雪氷本店（ソルビンボンジョン）…………… 69
松亭 3 代クッパ（ソンジョンサムデクッパ）… 11
済州家（チェジュガ）……………………… 23
草原ポック（チョウンポック）……………… 23
朝鮮カルグクス（チョスンカルグクス）…… 35
チョンギワケミチプ ………………………… 22
全州食堂（チョンジュシクタン）…………… 30
鍾路ピンデトッ（チョンノピンデトッ）…… 29
大家（デガ）………………………………… 17
テゲハウス 2 号店 ………………………… 26
TERAROSA COFFEE（テラロサコピ）…… 53
ドソルマウル ………………………………… 83
トップネ …………………………………… 49
DROP TOP（ドロプタプ）………………… 41
東莱ハルメパジョン（ドンネハルメパジョン）… 28

東莱別荘（ドンネピョルチャン）…………… 97
パダマル …………………………………… 32
河東ジェチョック（ハドンジェチョック）… 31
BIFF 広場（ビフクァンジャン）…………… 36
ヒヤネチュクミ＆ピンデトッ ……………… 29
FIGER & CHAT（ピンゴスエンチェト）…… 19
皇南パン（ファンナンパン）………………… 82
プサンコプチャンデジクッパ ……………… 11
冨平ヤンコプチャン（プニョンヤンコプチャン）… 21
Praha993（プラハ 993）…………………… 53
Black up coffee（ブルレクオプコピ）……… 43
ヘソンマクチャンチプ ……………………… 20
百味堂（ペンミダン）……………………… 41
福順導家（ボクスンドガ）………………… 52
虚心庁ブロイ（ホシンチョンブロイ）……… 47
ホンソチョッパル …………………………… 15
鳳雛チムタク（ボンチュチムタク）………… 18
マッチャンドルワンソグムクイ …………… 16
密陽スンデデジクッパ（ミリャンスンデデジクッパ） 12
文化ヤンコプチャン（ムンファヤンコプチャン）… 21
牧場園（モッチャンウォン）………………… 73
MOMOS COFFEE（モモスコピ）………… 42
MOLLE（モルレ）………………………… 39
ユガネ ……………………………………… 19
瑤石宮 1779（ヨソッグン）………………… 84
ヨンギョンジェ ……………………………… 38
Wildcat Brewing（ワイルドキャットブルーイング） 46

ビューティー＆ヘルス

オリーブヤング光復本店 …………………… 60
新世界スパランド（シンセゲスパランド）…… 62
ソラリア西鉄ホテル釜山 …………………… 66
ファッションストリート …………………… 65
美化路（ミファロ）………………………… 64
LUFT MANSION（ルフトゥメンション）…… 56

レジャー

岩南公園(アムナムゴンウォン) ……………… 73
二妓台(イギデ) …………………………… 72
臨海殿(イムヘジョン) …………………… 85
甘川文化村(カムチョンムナマウル) …… 74
慶州(キョンジュ) ………………………… 88
国立慶州博物館(クンリッキョンジュバンムルガン) … 84
The bay101(ザベイ101) …………… 93
鎮海(ジンヘ) ……………………………… 90
セブンラックカジノ ………………………… 99
石窟庵(ソックルアム) …………………… 83
足湯(チョクタン) ………………………… 97
太宗台公園(テジョンデゴンウォン) ……… 73
ヌリマル APEC ハウス ……………………… 93
パラダイスカジノ …………………………… 99
荒嶺山(ファンリョンサン) ……………… 70
BUSAN X the SKY(プサンエックスドスカイ) 76
釜山市民公園(プサンシミンコンウォン)……… 86
釜山タワー(プサンタオ) ………………… 68
釜山博物館(プサンパルムルグァン) …… 78
仏国寺(プルグクサ) ……………………… 82
海雲台(ヘウンデ) ブルーラインパーク ……… 77
海東龍宮寺(ヘドンヨングンサ) ………… 81
虚心庁(ホシンチョン) …………………… 96
梵魚寺(ポモサ) …………………………… 80
UN 記念公園(ユーエヌキミョムコンウォン) … 79
UN 彫刻公園(ユーエヌチョガクコンウォン) … 79
龍頭山公園(ヨンドサンコンウォン) …… 68

ショッピング

ART BOX(アトゥバクス) ……………… 101
Eマート ……………………………………… 100
KIM'S CLUB(キムスクルロム) ……… 101
国際市場(クッチェシジャン) …………… 108
新世界百貨店(シンセゲペッカジョン) …… 104
DAISO(ダイソ) ………………………… 101
農協農産物百貨店
(ノンヒョップノンサンムルペッカジョン) … 101
釜田市場(プジョンシジャン) …………… 110
冨平市場(プニョンシジャン) …………… 111
海雲台市場(ヘウンデシジャン) ………… 111
ロッテ百貨店光復店
(ロッテペッカジョン クァンボッジョン) …… 105
ロッテ百貨店釜山本店
(ロッテペッカジョン プサンボンジョン) … 105
ロッテ免税店(ロッテミョンセジョム) ……… 100

その他

金海国際空港(キメクッチェコンハン)………… 118
釜山港国際旅客ターミナル
(プサンハンクッチェヨケットミノル)………… 116

※本書は2017年発行の『釜山 オトナ女子のすてきな週末 ときめくプサンの楽しみ方51』の一部を再編集し、情報更新、加筆・修正をしたうえで、書名・装丁を変更したものです。

お金と両替

通貨

韓国の通貨はウォン。この本では「w」で表記しています。紙幣は50000w、10000w、5000w、1000wの4種類。硬貨は500w、100w、50w、10wの4種類が流通しています。2023年12月現在、1円＝約8.5wなので、買い物の目安はゼロを一つ減らすくらいで大体OK。とはいえ、為替によって大きく変動するので注意しましょう。

両替

空港や国際旅客ターミナルはもちろん、ホテルや町中の銀行でも可能。日本で両替するよりも韓国でしたほうがレートがいいです。

チップ

基本的に不要。ホテルも付加価値税と呼ばれるものがあらかじめ含まれているので、別途チップを払う必要はありません。

気候

海に面した海洋性気候のため韓国の中では比較的過ごしやすいと言われます。日本の九州と似た気候ですが、大陸特有の風の強さと冬の寒さには要注意。

一日の気温差が大きいので、羽織るものを一枚多めに持って行こう。風が強く、桜が咲くころでもまだコートを着ていることも。

春

6月下旬からは日本同様梅雨がある。明けると蒸し暑くなり、日本の夏とほぼ同じ服装でOK。

夏

年間を通してお天気のよい日が続き、旅のベストシーズン。ただし11月に入るとぐっと冷たい風が吹くようになるので暖かい上着が必要になる。

秋

乾燥し、北西の風が強く吹く季節。氷点下になることもあるが、それでも韓国内では暖かいエリアだという。しっかり防寒対策を。

冬

治安&マナー

釜山は、日本と同じくらい治安がいい町です。といっても、歓楽街や夜道、人混みなどは常識の範囲内で気をつけましょう。また、歩行者よりも車優先社会なので横断歩道を通るときには細心の注意を。車道の横断は軽犯罪法違反になるので、必ず地下道や横断歩道、陸橋を渡りましょう。

マナーについては特に食事時の注意点が多いのが特徴。韓国の人と一緒に食事をするときには以下のマナーに気を付けて。

器を持ってはいけない。日本と逆でご飯が入った器などは必ずテーブルに置いたまま食べる

ご飯&スープはスプーン(スッカラク)で。ご飯は箸ではなくスプーンで、スープも器には口をつけず必ずスプーンを使う。おかずは箸のまま口に運んでいい

手酌厳禁！手酌をした人の正面の人が不運になるという言い伝えまである

基本的にお酌は男性の仕事。女性は家族以外にはお酌をしない。目下の人が、左手を添えてお酌するのが礼儀。受ける側は両手で

目上の人が食べ始めてから食べる

グラスへの注ぎ足し厳禁！必ずグラスが空いてからお酌しよう

目上の人と飲むときには、身体と顔を少し横に向けて、左手でグラスを隠すようにして飲む

\Tips/

こんなところにも気をつけて

トイレについて
トイレは水洗ですが、紙は流せません。備え付けのゴミ箱に捨てましょう

ホテルのアメニティ
歯ブラシは原則、ホテルにありません。パジャマ、スリッパとともに持参しましょう

免税
物品やサービスにかかる10%の付加価値税(VAT)を払い戻してくれるお店があります。常にパスポートを携帯しましょう

ショコラティエが手造りするチョコレートがおすすめ。ベルギーから輸入した最高級品で造られている

CheecK!
鳥がモチーフの店内。装飾もかわいい

作りたてのケーキはどれも新鮮でおいしい

① ② 海雲台 코코브루니 ☕

ラッピングもキュート
coco bruni ③
ショコラを中心にショートケーキ等のガトーやドリンクを洗練された空間で楽しむことができる人気カフェ。ラッピングデザインがかわいいので、ショコラや焼き菓子をお土産にしてもいいし、ショップオリジナルの文房具やiPhoneケースもセンスがいい。

Menu ④

エスプレッソマキアーノ 4500w
ブルーニラテ 5300w

釜山市海雲台区佑洞1408
☎ 051-741-7007
🕐 10：00～23：00 休 無休
🚇 地下鉄2号線冬柏駅3番出口から徒歩5分 ▶ MAP P121.C-18 ⑤

スタイリッシュなロゴをモチーフにしたグッズも豊富

---

① おおよそのエリアを示しています。

② 店名のハングル表記です。人に尋ねるときや、看板を確認するときの参考にしてください。

③ 店名と読み方です。漢字のみならず、
　　日　スターバックスコーヒー
　　韓　スタボクスコピ
など、アルファベットの読み方も違うので、人に尋ねるときなどはこの読み方を参考にしてください。

④ 2023年12月現在の価格を入れています。価格は頻繁に変わるので、目安としてご利用ください。
1円＝約8.5w（2023年12月現在）

⑤ 住所 現住所です

☎ 電話番号です。お店の看板には名前に加えて電話番号を書いていることも多いので、店名を読み取れないときは番号で確認を。カーナビ付きのタクシーだと、この番号だけで目的地を調べてくれることもあります。

🕐 営業時間です。開店が遅くなったり、閉店が早まることもよくあります。

休 定休日です。「秋夕」という表記が多いですが、これは旧盆のこと。旧暦の8月15日前後が休みになる店が多いので、その時期に旅する人は注意して。尚、無休と表記しているお店も旧正月や旧盆には予告なく休むことがあるのでこちらも要注意。

🚇 最寄りの地下鉄駅とその出口、そこから徒歩何分かの目安を入れています。

🎫 入場料等必要な施設は目安となる価格を入れています。

MAP 地図ページのアルファベットのエリアの中から、該当番号を見つけてください。

MAP P121.C-19　①掲載ページ　②地図名-番号
　　　①　　②

さあ、ワクワクする旅の始まりです。

この本では
グルメ　ビューティー＆ヘルス　レジャー
ショッピング　旅のテクニック
の5項目に分けて色分けしています。

この一冊の中から、あなたの「したいこと」を見つけ出して、
オリジナルの釜山旅を作ってくださいね。

釜山人気名物第一位！
デジクッパを極めたい。

📖 **豚肉たっぷりの釜山名物を食べるべし！**

数ある釜山名物の中でも、群を抜いて店舗が多いのがデジクッパ店。韓国国内でも「釜山名物」として人気なので、ソウルから来た韓国人も必ず食べると言われています。デジ（豚）の各部位を煮込んだスープにご飯と肉を入れた、いわゆる「豚骨スープ雑炊」ながら、意外とあっさりしていて老若男女に人気が高いんですよ。

肉の入っていないスープとご飯、そして大きめの蒸し豚「スユ」のセット　スユペッパン

豚肉を柔らかくなるまで蒸して、脂を落とした「スユ」も絶品。キムチと一緒にサンチェに包んでいただきます！

いつも満席の店内。外にも行列ができているので、正直ゆっくりはしにくい…

 大淵　쌍둥이돼지국밥

行列必至の超人気店
サンドゥンイデジクッパ

昼も夜も行列必至の大人気店。白濁したスープは日本の豚骨味に似ているが、見た目とは裏腹にすっきりとした後口で、胃に優しい味わい。こちらのスープには化学調味料が全く使われておらず素朴でシンプルな味なので、テーブルにある塩や、一緒に出されるコチュジャン、セウジョ（アミ海老の塩辛）で自分流に味付けをしよう。豚骨から丁寧に煮だされたスープは、リピーターになること間違いなし。

Menu
デジクッパ　　9000w
スユペッパン11000w

釜山市南区大淵1洞887
☎ 051-628-7020
🕙 10:00 ～ 22:00
🈺 旧正月、秋夕
🚇 地下鉄2号線大淵駅
3番出口から徒歩3分
▶ MAP P126.F-1

海雲台ビーチからすぐ

プサンコプチャンデジクッパ

海雲台エリアのデジクッパの人気店といえ
ば、こちら。ホテルから朝食のために直行
する人、海水浴で冷えた身体を温めに来る
人、夜は一杯飲みながら食べている人…と
いつも大賑わいだ。韓国では珍しく一人用
のカウンターもあるので、お一人様でも気
兼ねなく訪れることができる。

ご飯を食べ終わって、まだお腹に余
裕があったら麺も投入！最後の一滴
までスープを飲み干したい

CkecK!

野菜でスユを
巻きましょう

Menu	
デジクッパ	9500w
スユペッパン	13000w

釜山市海雲台区
佑洞 1378
☎ 051-742-1182
🕐 6:30 ～翌 5:30
🈳 無休
🚇 地下鉄 2 号線
海雲台駅 5 番出口
から徒歩 7 分
▶ MAP P121.C-13

日本語もちょっとだけ通じる

松亭 3 代クッパ
ソンジョン　サム　デ

西面には「デジクッパ通り」な
るものがあるので、この町でデ
ジクッパ店を見つけるのは難
しくない。どこに入ろうか迷っ
たら、有名店のこちらにどうぞ。
1946 年創業という 3 代続く老
舗だ。

半世紀以上、炊き
続けられている秘
伝のスープ

釜山市釜山鎮区釜田 2 洞 255-19
☎ 051-806-5722　🕐 24 時間
🈳 旧正月、秋夕　🚇 地下鉄 1,2 号線
西面駅 1 番出口から徒歩 3 分
▶ MAP P124.E-9

Menu	
デジクッパ	8500w
スンテデジクッパ（腸詰入り）	8500w
スユペッパン	11000w

スープを飲んで健康に
密陽スンデデジクッパ
ミリャン

「密陽」とは釜山の北に位置する都市の名前。昔からデジクッパが有名な土地で、この地名を冠するこちらのお店も大人気だ。店内には「このクッパは薬です。肉は残してもスープは残さずお召し上がりください」という意の貼り紙があるほど。とにかく自信たっぷりの、48時間煮込んだスープを心していただこう。

朝早くからこの活気！釜山一、早朝から流行っている店といっても過言ではない

■西面店
釜山市釜山鎮区釜田洞196
☎ 051-807-6666
🕐 24時間
🈺 無休
🚇 地下鉄1、2号線西面駅
2番出口から徒歩5分
▶ MAP P125.E-27

Check!
海雲台・南浦洞にも
支店あり

Menu

デジクッパ　9000w

12

そうはいっても、牛のクッパも食べたい？

釜山は
豚だけじゃないよ

海雲台　원조할매국밥

元祖ハルメクッパ
（ウォンチョ）

釜山といえば「デジ（豚肉）クッパ」のイメージが
強いが、海雲台のこの店の人気は根強い。釜山民で
すら夢中にさせる、昔ながらの「ソコギ（牛肉）クッ
パ」だ。もやしや大根などたっぷりの野菜と一緒
にじっくり煮込まれた牛肉はほろほろと柔らかい。
見た目は赤いが辛くはなく、昔から二日酔いに効く
と言われる優しい味わいだ。牛の血を固めた「ソン
ジ」はレバーのような濃厚さと食感が特徴。釜山
上級者はこちらもぜひ試してみて！

釜山市海雲台区佑洞 612-2　☎ 051-746-0387
🕐24 時間　困 無休
🚇 地下鉄 2 号線海雲台駅 3 番出口から徒歩 5 分
▶MAP P121.C-1

Menu	
ソコギクッパ	8000w
ソンジ（牛血入り）クッパ	8000w

Experience

2

この町の新定番は、
ナッチとチョッパル。

📖 釜山新定番メニューをおさえておくべし。

釜山旅で覚えておきたい単語がナッチ（タコ）とチョッパル（豚足）。釜山の新3大名物「デジクッパ、ナッチ、チョッパル…」呪文のように覚えてしまいましょう。

海雲台　개미집 해운대

海雲台でナッチを食べるならここ
ケミチプ海雲台
ウンデ

ビーチから近く、店内も清潔で広いので子ども連れや若者たちでにぎわう人気店。冬でも汗が止まらなくなるほど辛い。

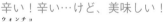

通り沿いの真っ赤な外観が目を引く。見逃すことはなさそう

釜山市海雲台区佑洞 1338
☎ 051-747-8569　🕐 24時間
🈂 無休　🚇 地下鉄2号線
海雲台駅5番出口から徒歩3分
▶ MAP P121.C-8

┌─────────────────────────┐
│   Menu   │
│ ナッチポックム（タコの鍋）   14000w │
│ ナッコプセ（タコ, エビ, ホルモンの鍋）14000w │
└─────────────────────────┘

西面　원조할매낙지

Check!
1階が混んでいたら2、3階席へ！

辛い！辛い…けど、美味しい！
元祖ハルメナッチ
ウォンチョ

国際旅客ターミナルからタクシーで約5分。高速船で釜山に着いたら、まずこの店に駆け込むというファンも多い。野菜とたっぷりのタコをニンニクと唐辛子で炒めた「ナッチポックム」は、日本人には辛さ控えめにしてくれ、とびきり旨い。

釜山市釜山鎮区凡川1洞 837-43
☎ 051-634-9618
🕐 9:30〜20:50　🈂 第二火曜、
旧正月、秋夕　🚇 地下鉄1号線
凡一駅10番出口から徒歩3分
▶ MAP P124.E-29

┌─────────────────────────┐
│   Menu   │
│ ナッチ（タコ）   9500w │
│ ナッチセ（タコとえび）   9500w │
│ コプチャンナッチ（ホルモンとタコ）10000w │
└─────────────────────────┘

14

日本の「豚足」とは全く別物

元祖釜山チョッパル
ウォンチョプサン

チョッパル(豚足)通りと呼ばれるストリートがあるほど、釜山を代表する料理のひとつ。日本の豚足とは全く別物だ。漢方や薬味で何時間も煮込まれた肉を薄くスライスしてたっぷりの野菜と一緒に食べる。プルプルのゼラチン質は全く感じられず、むしろあっさりとした食感だ。お酢やマスタードと一緒に和えた「ネンチェチョッパル」はこちらのお店が発祥。

釜山市中区富平洞1街35-3　☎ 051-245-5359
🕐 10:00 〜 24:00 (OS23:00)　休 無休
🚇 地下鉄1号線チャガルチ駅3番出口から徒歩4分
▶ MAP P122.D-13

店舗はリニューアルしたばかりで広くて清潔。これほど広くても、週末は満席になる。

```
          Menu

チョッパル/ネンチェチョッパル どちらも
小 (1人前)          35000w
中 (2人前)          40000w
大 (3人前)          50000w
特大 (4人前)        60000w
```

特にネンチェチョッパルが人気の店

ホンソチョッパル

行列が嫌いな釜山っ子も並ぶと言われる人気店。この店を訪れたほとんどの人が頼むのがネンチェチョッパルだ。スライスされたキュウリや玉ねぎと一緒にあっさりとしたチョッパルを食べよう。小でもたっぷりの量だが、不思議といくらでも食べられちゃう!

釜山市中区富平洞1街36-11　☎ 051-257-2575
🕐 12:00 〜 23:00　休 無休　🚇 地下鉄1号線
チャガルチ駅7番出口から徒歩5分　▶ MAP P122.D-9

```
          Menu

ネンチェチョッパル  小34000w
ネンチェチョッパル  中40000w
ネンチェチョッパル  大46000w
```

Experience

3

ソウルが牛なら、釜山は豚ですよ。

📖 釜山のデジ（豚）文化をじっくりと味わうべし。

一般的によく言われているのが、「ソウルは牛、釜山は豚」という食文化。デジクッパやチョッパルに代表されるように釜山の人は豚料理が大好きです。焼肉ももちろん、豚が主流。熟成された柔らかい豚を、たーんと召し上がれ！

> Check!
> 鉄板の上の小さな石の台に積みあがった肉はすでに焼けているサイン

1人で行っても、2人で行っても、肉は3人前以上注文しなくてはいけないので要注意。しかしペロリと食べられる旨さ

付け合わせの海草のナムルがさっぱりとしていて美味しい

西面 맛찬들 왕소금구이

熟成肉は必食！

マッチャンドル ワンソグムクイ

14日間熟成させた肉厚の豚肉がおいしい行列必至の店。鉄板の温度を丁寧に測りながら、お店の人が最高の状態に焼き上げてくれる。一番人気は肩肉の「モクサル」。3.5センチという厚い肉を、表面はカリカリに、しかし食感はジューシーなままで焼く技術はさすが。

釜山市釜山鎮区釜田洞 516-51
☎ 051-808-6088　🕐 11：30 〜 23：00
㊡ 無休　🚇 地下鉄1、2号線西面駅7番出口から徒歩5分　▶ MAP P124.E-11

Menu

サムギョプサル（1人前）	14000w
モクサル（1人前）	14000w
テンジャンチゲ（味噌汁）	4000w
土鍋ご飯（2人前）	5000w

16

良心価格なので、学生さんや子どもも多い店内。団体客がツアーで利用することも

たっぷりのもやしで激辛緩和

コンブル

山盛りの豆もやし(コンナムル)とプルコギで「コンブル」。主役は豆もやしだ。柔らかい薄い肉と、シャキシャキの豆もやしは好相性。ボリューム満点且つお手頃価格のため若者が多いが、大人の舌も満足させてくれる。ただし本気で辛いので、辛いものに自信がない人はチーズ入りにして中和させたほうがいいかも。

釜山市中区南浦洞3街6-1 ☎ 051-245-0077
時11:00〜22:00 休無休 図地下鉄1号線チャガルチ駅7番出口から徒歩5分 ▶MAP P122.D-17

Menu	
コンブル	9500w
ソコンブル(チーズ入り)	9900w
ポックンパ	2000w

最後はご飯を投入してポックンパにしよう

Check!

\Tips/

やっぱり豚だけじゃなく韓牛が食べたい

という人は
遠征してみてはいかが?

小さな村に60軒以上もの焼肉店が点在する「鉄馬焼肉村」は、釜山屈指の韓牛の村。この村では味付けされていない生カルビを選びましょう。

図機張駅から車で約20分。
機張市場(→P27)から行くものいい
▶MAP P120.A-5

ファミリーにも人気

大家

市内中心部なら一人前30000wは下らないという韓牛の生カルビが半値近くで食べられるという人気店。炭火で焼くので美味しいお肉がさらにジューシーに焼きあがる。

釜山市機張郡鉄馬面然亀里236
☎ 051-723-0880
時11:00〜20:30 休不定休

Experience 4

何にでもチーズはたっぷり
LOVELOVEチジュ♡

📖 辛いときにはチーズで中和させるべし。

唐辛子の辛さをマイルドにしてくれるチーズは、韓国人も大好き。
辛いものでヒリヒリする舌を、チーズで優しく守ってあげましょう。

骨なしは2人前（小410g）で26000w

Check!
韓国人は
骨あり派の方が
多いそう

（西面）봉추찜닭 서면점

チーズで辛さを緩和

鳳雛チムタク 西面店
（ボンチュ）　　　　（ソミョン）

日本を含め、世界に150店以上展開
する人気のチェーン店。味わいは
日本のものとは少し異なり、本国の
ものはしっかり辛いがチーズがそ
れをマイルドにしてくれる。基本の
味付けは醤油と砂糖、唐辛子なので
日本人にもなじみやすく、辛ささえ
克服できれば万人受けしそうな味
付けだ。鶏肉は骨ありと骨なしを
選べるので、お好みの方をどうぞ。

釜山市釜山鎮区釜田洞217-6
☎ 051-806-6981　🕐 10：00 〜 23：00
🈔 無休　🚇 地下鉄1、2号線西面駅2番出口
から徒歩5分　▶ MAP P125.E-24

Menu

骨ありニ人前（小）	24000w
3〜4人前（中）	34000w
4〜6人前（大）	45000w
チーズトッピング	4000w
ライス	1000w

タッカルビの中には
トック(餅) も入って
いるので、ボリュームも
しっかり
Check!

日本語メニューも
あるので店員さん
に聞いてみて

キムチやサラダは
セルフサービス

西面 유가네

大人気タッカルビの本店

ユガネ

ソウルにも数店展開しており、韓国全土で
大人気だが、実は釜山発祥のお店。西面の
本店は広い席数があるにも関わらず、未だ
に行列が絶えない。最近特に人気を博して
いるのが、鉄板の周りにチーズを流しいれ、
とろけるチーズと一緒にタッカルビを食べ
る「フォンデュシリーズ」。チーズで辛さが
和らぐので日本人にはおすすめ。

釜山市釜山鎮区釜田洞 199　☎ 051-805-2292
🕐 11:00 〜 0:00　㊡ 無休　🚇 地下鉄 1、2 号線
西面駅 2 番出口から徒歩 10 分　▶ MAP P125.E-26

Menu		
チーズブンダクタッカルビ	中	22000w
	大	31000w
半々タッカルビ	中	22000w
	大	30000w
ポックムコンギ（炒飯用ごはん）1 人前 2000w		

海雲台 핑거스앤첫

窓の外には広安大橋の姿が。リゾート気分いっぱいだ

ウォーターフロントで本格ピザを

FINGERS & CHAT
ピ ン ゴ ス エ ン チェ ト

The bay101 （→ P93）の施設内 1 F にあるハイクオ
リティなレストラン。カジュアルにフィッシュアンド
チップスなども楽しめるが、より洗練された空間で海を
見ながら食事をしよう。一番人気のチーズピザは店内
の窯で焼かれており、芳ばしい生地ともっちりしたチー
ズがビールに合う本格派。

釜山市海雲台区佑 1 洞 747-7
☎ 051-726-8803
🕐 10:00 〜 24:00　㊡ 無休
🚇 地下鉄 2 号線冬柏駅 1 番出口
から徒歩10分　▶ MAP P121.C-17

Menu	
チーズピザ	15000w
カラマリ＆チップス	13000w

室内 186 席、
テラス 132 席
と広い空間

Experience
5

ホルモン好き、必食！
間違いなしの3店です。

📖 美味しく食べて、きれいになるべし。

ソウルよりも断然ホルモンを食する文化が育っている釜山の街。市内は屋台、大衆食堂からおしゃれなお店までさまざまなホルモン店でにぎわっています。ホルモン&唐辛子コンビで、翌朝のプルプルお肌を目指しましょう。

[海雲台] 해성막창집

行列必至！狙い目は開店直後
ヘソンマクチャンチプ

17時の開店と同時に行列も珍しくない人気店。メニューは右下に書いた3つのみと潔い。女子2人で訪れたら、ソマクチャン1人前＋テチャン2人前くらいがちょうどいいかもしれない。お店の人が手際よく焼けたホルモンを開いていき、脂が十分に落ちたら食べ時。シンプルな味付けなので、ホルモンの旨味がストレートに伝わってくる。酢漬けの玉ねぎと一緒に、無限に食べられる。

このぷりぷりのホルモンが

店員さんのハサミさばきによって

こうなったら食べごろ！

釜山市海雲台区中洞1732
☎ 051-731-3113
🕐月～土17：00～3：00／
日曜17：00～2：00 困 無休
🚇 地下鉄2号線海雲台駅1番
出口から徒歩10分
▶ MAP P121.C-4

Menu	
ソマクチャン	12000w
テチャン	12000w
コプチャンチョンゴル	11000w

屋台のような雰囲気
文化ヤンコプチャン

おすすめは断然、モドゥム（ミックス）。パイナップル入りの特製ダレに漬けたミノ、ハツ、丸腸といったホルモンを炭火で焼き上げる。柔らかく、臭みの抜けたホルモンはほんのり甘みを帯びて美味しい。丸腸は開いて余分な脂を切り落としてから焼いてくれるので、いくらでも食べられそう。

釜山市釜山鎮区釜田2洞519-19
☎ 051-802-7995　時 16:00 ～ 24:00
休 月に2回日曜（変則）　交 地下鉄1、2号線西面駅
1番出口から徒歩5分　▶MAP P124-E-13

Menu

モドゥム（ミックス）	20000w
トゥクヤン（上ミノ）	20000w

CʰecK!
キムチおむすびは手まりサイズにして、アジュンマ（おばちゃん）が口に入れてくれる

店内は7つのブースに分けられており、各おばちゃんごとに独立した店舗。こちらは入ってすぐのA-1ブースのアジュンマ

CʰecK!
服に匂いがつくので、覚悟して行こう

風に吹かれてホルモンを
冨平ヤンコプチャン

ホルモン店が連なる通称「冨平ホルモン通り」のなかでも、ひときわにぎわっているお店。あまりのお客の多さに、路上にまではみ出してテーブルが並んでいる。ぷりぷりのホルモンを焼きでも、鍋でも楽しみたい。

釜山市中区冨平洞
2街24-2
☎ 051-245-2485
時 12:00 ～翌1:00
休 無休　交 地下鉄
1号線チャガルチ駅
3番出口から徒歩5分
▶MAP P122-D-11

Menu

ソグムグイ	小	40000w
（塩焼きホルモン）	中	45000w
	大	50000w
トルパンヤンニョン	小	40000w
（味付けホルモン焼）	中	45000w
	大	50000w
コプチャンチョンゴル	小	40000w
（もつ鍋）	中	45000w
	大	50000w

Experience
6

海鮮は旨みごと
いただきましょう。

📖 海の街・釜山では海鮮をまるごと食べるべし。

海の幸豊富な釜山にはおいしい海鮮料理がたくさん。
刺身や浜焼きもいいですが、旨みをたっぷり堪能するなら、鍋や粥はいかが?

南浦洞　청기와개미집

海鮮まるごといただきます
チョンギワ ケミチプ

釜山を代表する海鮮鍋の有名店。貝や帆立、
えびに加えて、生きたままのタコがまるまる一
匹入るヘムルタン(海鮮鍋)が名物だ。かなり
辛いが旨みたっぷりのスープはつい飲み干し
たくなる…けど、ちょっと待って。鍋を食べた
あとは、それぞれの海鮮から出たダシをお米に
しっかり吸わせて、ポックンパを作ってもらお
う。箸が止まらなくなる旨さだ。

釜山市中区東光洞3街24-1　☎ 051-246-0228
🕐 9:30～22:00　🈵 旧正月、秋夕　🚇 地下鉄1号線
南浦駅5番出口から徒歩7分　▶ MAP P123.D-23

Check!

日本語メニューも
あるので安心!

Menu		
ヘムルタン	小	55000w
	大	65000w

CheCk!
天ぷらは左ページ
冒頭の写真を
ご覧あれ

良心価格のフグの名店
草原ポック
チョウォン

日本同様、韓国でもふぐの調理師免許を取得するのは難しく、ふぐ専門店はそう多くはない。当然高級食材の一つではあるのだが、この店は良心的な価格と鮮度の良さで韓国人にも大人気の店だ。淡泊ながらしっかりと旨みのあるスープに、たっぷりの豆もやしがいい食感を生む。プリッとしたふぐの身を味わいたければ、天ぷらがおすすめ。

釜山市海雲台区中1洞1225-5
☎ 051-743-5291　🕐 8:00 ～ 21:00
※ブレイクタイム 15:00 ～ 17:00
🈺 旧正月、秋夕　🚇 地下鉄2号線
海雲台駅1番出口から徒歩15分
▶MAP P121.C-7

Menu

ポッチリ（フグチリ）	
シロサバフグ	13000w
シマフグ	20000w
ボッティギム（フグ天ぷら）	
シロサバフグ	35000w
シマフグ	60000w

看板には、かわいいふぐのイラストがあるのですぐわかるはず

そのほか、蒸し焼きやバター焼きなど、アワビが高級品であることを忘れそうなくらいたっぷりのアワビメニューを堪能できる

CheCk!
この店の他に、
南浦洞の1号店や
釜山駅店なども

アワビ好きはこちらへも！
済州家
チェジュガ

アワビ尽くしのアワビ専門店。釜山の朝食はここのアワビ粥、と決めている日本人リピーターも多く、アワビの内臓から出たダシが美味しい。さらにアワビの食感を楽しみたい人は生アワビのビビンバはいかが？アワビの刺身たっぷりの、さわやかなビビンバだ。

釜山市釜山鎮区釜田洞516-33
☎ 051-805-6341
🕐 8:00 ～ 22:00
🈺 旧正月、秋夕　🚇 地下鉄1、2号線西面駅7番出口から徒歩3分
▶MAP P124.E-8

Menu

アワビ粥	小 12000w
	大 17000w
生アワビのビビンバ	15000w

韓国風牡蠣小屋？

サムバリ

海鮮タワーが人気の、シーフード専門店。エビやタコ、ホタテにアワビ…と、これでもかというほど詰まった「海鮮タワー」は、さながら「海鮮のアフタヌーンティー風」。さまざまな貝を好きな順番で楽しもう。チーズが大好きな韓国人は、貝にもたっぷりのチーズを付けるのが主流。網の上でチーズを溶かし、焼けた貝をくぐらせながら楽しみたい。辛みが少ないので、「辛くない韓国料理」を求める旅行客にも人気だ。

釜山市釜山鎮区釜田洞 156-1
☎ 010-7457-1213 🕐 16：00 ～ 4：00 🈞 旧
正月・秋夕 🚇 地下鉄1、2号線西面駅6番出
口から徒歩1分　▶ MAP P125.E-21

Check!
辛味噌と
チーズであえた野菜で
箸休め

Check!
店頭には新鮮な貝が
たっぷりディスプレイ
されているので、
お店を見つけやすいはず

Menu
モドゥムチョゲグイ
（海鮮タワー／貝盛り焼き2人前）　48000w

コマクとビビンバ、牛肉チジミがワンプレートで楽しめる「コマクユッチョンデパン」がおすすめ

Check!
小さい貝だが、味が濃い

Check!
日本語対応のタッチパネルで注文できる

Menu	
コマクユッチョンデパン	37000w

 影島　올바릇식당

空前のコマクブーム！

オルバル食堂
シクタン

日本ではほとんど流通していないコマク（灰貝）という種類の貝が韓国では大人気。数年前には全土で大ブームとなり、現在はブームから定着して、缶詰など加工品でその名を見ることも多い。「高級貝」に分類されるこの貝を、カジュアルに楽しめるのがこちらのお店。多くのおしゃれカフェが点在する影島の中でもひときわ目立つ大型複合文化空間の6階にあり、店内からは天気が良ければ絶景のオーシャンビューが望める。おしゃれな空間で海を眺めながら、高級貝を楽しんでみてはいかが？

釜山市影島区海洋路247番キル35　6階
時 11：00〜20：00（ブレイクタイム15：30〜17：00、OS19：30）※土日祝はブレイクタイムなし
休 火曜　交 地下鉄1号線南浦洞駅6番出口からタクシーで10分　▶ MAP P120.A-16

Experience 7

タクシーに乗ってでも
行きたい、カニ三昧の街。

📖 カニは釜山で、思う存分食べるべし。

釜山中心部にあるレストランの半値以下で質の良いカニが食べられる街が、機張（キジャン）。市場中がカニ店だらけなので、国内外から多くのカニ好きが集結します。カニのためだけにタクシーで来ても、十分に元が取れるはず！

とても親切なアジュンマ。大きさによって価格が変わるので、先に予定金額を伝えると見繕ってくれる

（機張） 대게하우스

元気なアジュンマが看板娘

テゲハウス 2 号店

韓国中の 200 以上もの店にカニを卸している専門卸なので、良質のカニが安価で楽しめる。店頭で種類と大きさを選び、その場で重さを量って値段を確認したら、あとは待つだけ。丁寧に切り分けられたカニがどーんと出てくる。甲羅のカニ味噌は、あとでご飯を入れてポックンパにしてくれるので、大事に残しておこう。

釜山市機張郡機張邑大羅里 275-12
☎ 051-721-1001　時 9:00 ～ 21:00　休 無休
図 機張駅から徒歩 15 分　▶ MAP P120.A-2

Menu	
時価 1 キロ	50000w 前後～
キムチやスープなどが付く座席料	3000w

Check!
茹でずに蒸しているので、味わいが濃厚！

1 匹につき 2 つのカニの爪は争奪戦⁉ 一番動く部分なので味が濃いのだとか

機張 기장 테게도메

春夏秋冬、カニシーズン!
機張テゲドメ
キジャン

テゲハウスとほぼ同じ時期に
オープンした老舗。季節によっ
て価格は上下するものの、意外に
も夏が安くて美味しいという。

釜山市機張郡機張邑大羅里 69-2
☎ 051-722-7070 ⏰ 9:00 〜 21:00
休 無休 交 機張駅から徒歩 15 分
▶ MAP P120.A-1

> Menu
>
> 時価 1 キロ　　　　50000w 前後〜

この店に限らず、全体的に機
張のカニの料金は年々上がり
つつあるという。価格を見極
めて行こう

Check!
驚きの速さでカニを
さばいてくれる

\ Tips /

タコ一匹がなんとこの量に!!
3 人でも食べきれません…(食
べきれない分は持ち帰り用容器
に入れてくれます)

機張 기장 시장센터

カニ以外も、充実しています
機張市場センター
キジャンシジャン

市場の中にある 2 階建ての海鮮セン
ター。市場で買ったものを、席代や調
理代だけで食べさせてくれる。例えば
市場で大きなタコを一匹 15000w で
買ってこちらに持ち込むと、席代 3000
〜 4000w、茹で代 2000w でその他お
かずとセットで楽しめる。(1 F は調理
代のみ、おかずなし) ▶ MAP P120.A-3

肉を食べたい!と言う人は機張からタクシーで約 20 分のところに、焼肉村があります(→ P17)

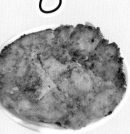

Experience
8

南北の粉もの文化を徹底解剖。

📖 「ピンデトッ」と「パジョン」の違いを学ぶべし。

日本で「チヂミ」と呼ばれるものは、韓国では広く「ジョン」と呼ばれています。なかでもネギ（パ）を使ったものは「パジョン」と呼ばれ、李朝時代には両班（貴族）たちが食べていた高級料理。これと似たものに緑豆を挽いたものを生地にする「ピンデトッ」と呼ばれる北朝鮮の郷土料理があり、こちらはカリッとした表面の食感が特徴です。南北の粉もの代表料理を食べ比べてみましょう。

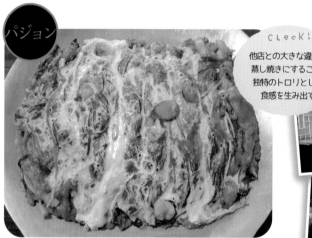

パジョン

CheCK!

他店との大きな違いは、蒸し焼きにすること。独特のトロリとした食感を生み出す

東莱　동래할매파전

パジョンの名店といえば、ここ

東莱（トンネ）ハルメパジョン

金井山の麓の特産であるネギと釜山の海鮮を組み合わせて作ったパジョンは、その昔宮廷にも献上されていたという、釜山を代表する味。釜山民族飲食店1号にも指定され、国内外から多くのファンがこの店のためだけにこの地を訪れる。店内の伝統的な雰囲気もいい。

直営農場で無農薬で育てられたネギは、青臭い外側は使わず、食感の良い内側部分のみを使う

Menu

東莱パジョン	小	28000w
	大	40000w

釜山市東莱区福泉洞 367-2
☎ 051-552-0792
🕐 12:00 ～ 21:00
🈺 月曜、火曜、旧正月、秋夕
🚇 地下鉄4号線寿安駅5番出口から
徒歩5分　▶ MAP P126.G-5

香ばしいピンデトッと辛いイイダコ

ヒヤネチュクミ＆ピンデトッ

ピンデトッとチュクミが名物の専門店。チュクミというのは小さいイイダコのこと。辛い下味をつけたチュクミを網焼きで香ばしく焼いたものを、ハサミで2〜3つに切りながらみんなでつつくのが楽しい。ピンデトッは表面をカリカリに焼き上げており、チュクミの辛さを和らげてくれる。

Menu	
グリルイイダコ	17000w
ピンデトッ	12000w

釜山市釜山鎮区釜田洞 515-39
☎ 051-818-8688
🕐 17:00 〜 23:00
🈳 無休　🚇 地下鉄
1、2号線西面駅7番出口から徒歩5分
▶MAP P124.E-12

CheCK!
焼いたチュクミをニンニクなどと一緒に野菜に巻いて食べよう

チュクミは辛さを選べるが、一番マイルドなものでも日本人には十分辛いかも

CheCK!
緑豆は美容効果も高いと言われ、女性に大人気！

緑豆100％の生地が自慢

鍾路ピンデトッ

パジョンの特徴の一つがトロトロ食感だとしたら、ピンデトッはカリッと焼かれた表面が特徴だ。特に老舗のこちらのお店のピンデトッは、表面はサクサクなのに、中がふんわりで食感が最高。遅くまで開いているので、二次会、三次会に便利。

釜山市中区冨平洞2街 22-1
☎ 051-256-4649
🕐 10:30 〜 24:00
🈳 無休　🚇 地下鉄1号線チャガルチ駅
7番出口から徒歩5分　▶MAP P122.D-7

Menu	
モドゥム(五目)ピンデトッ	11000w
コギ(肉)ピンデトッ	10000w
キムチピンデトッ	10000w

Experience

9

飲んだ翌朝も、疲れた胃も、スープでリセット。

📖 胃が疲れたときには「タン」と「クッ」を思い出すべし。

「タン」と「クッ」はどちらも英語にすると「soup」。韓国人にもその2単語の違いを明確に説明することは難しいそうですが、一般的には汁が多いのが「クッ」、具が多いのが「タン」だそう。刺激物を食べることが多い韓国人の胃腸が荒れないのは、上手にこのスープ系料理を取り入れているから。釜山で知らぬ者はいないという、名物「タン」と「クッ」をご紹介しましょう。

圧巻のパンチャン！
これだけでもご飯が進む

タラの旨味がしっかり染み出たスープは絶品

タン

Check!
食後には
セルフサービスの
シッケも忘れずに！

西面 | 전주식당

小鉢の数に目を見張る
全州食堂
チョンジュシクタン

体調がいい日は濃厚なキムチチゲを、二日酔いのブランチは肉厚のタラが沁みるトンテタンを。具沢山のチゲやタンも驚くほど美味しいが、ここの人気はそれだけではない。20種類近く付いてくるパンチャン（無料のおかず）のクオリティがとても高いのだ。ご飯が足りなくなって困るほど、どのおかずも味がいい。のんびりしたい遅めの朝に、お腹を空かせて出かけよう。

Menu	
キムチチゲ	10000w
テンジャンチゲ	10000w
トンテタン	10000w
スンドゥブ	10000w

釜山市釜山鎮区田浦洞192-13　☎ 051-818-0104
圏 11：00 ～ 21：00（OS20：30）
休 旧正月・秋夕　交 地下鉄1号線釜田駅2番出口
から徒歩10分　▶ MAP P125.E-18

クッ

西面 하동재첩

二日酔いにはしじみパワー
河東ジェチョック
（ハドン）

シジミの産地、河東のシジミだけを仕入れて作るジェチョック（シジミスープ）の専門店。どれほどのシジミを入れたら、こんなにも濃厚なスープができるのか…というくらい濃い。サプリや健康食品に頼らずとも、このシジミスープを飲めば二日酔いは一発で退治できるはず。野菜たっぷりのビビンバも美味しく、焼きたての魚とともに最高の朝食だ。

釜山市釜山鎮区釜田洞 262-15
☎ 051-808-5668　🕐 7：30 ～ 19：00
🈲 土曜、旧正月、秋夕　🚇 地下鉄 1、2 号線西面
駅 15 番出口から徒歩 3 分　▶ MAP P124.E-1

Check!
スープの底には
驚くほどの
しじみが

Menu	
ジェチョック定食	9000w

朝入店すると、何も言わずとも必然的にジェチョック定食が運ばれてくる。ある意味、言葉いらずでラクチンだ

定食にはビビンバやしじみサラダがついてくる。このビビンバがまた美味しい

\Tips/

食堂には汁物が
必須アイテム！

タン？クッ？チゲ？…
さらに、チョンゴル？？

スープ料理が多い韓国では、微妙な料理法によってその呼び方を変えている。おなじみのメニューでも、「サムゲ**タン**」「ミヨック**ッ**」「キムチ**チゲ**」「コプチャン**チョンゴル**」などを耳にしたことがある人も多いと思うが、この太字部分はそれぞれスープを表す単語だ。ではそれぞれには、どのような違いがあるのだろう？

タン （탕）
漢字で書くと「湯」。牛骨などを長時間煮たスープをベースに、野菜や肉などの具がしっかり入っているもの。透き通ったものと白濁したもの、赤いものなど数種類あり、具は多いもののあくまでメインはスープということが多い。

クッ （국）
クンムルという韓国語の「汁」を表す語の短縮形。具はあまり入っておらず、日本で言うお吸い物のような位置づけ。ご飯を食べるときの汁ものが多く、一人ずつの器で食べる。

チゲ （찌개）
クッよりも具が多く、主材料の他に副材も入っている。肉や海鮮、野菜などの材料に味噌やコチュジャンを加えた濃い味のものが多く、煮込んだ鍋ごと出す。

チョンゴル （전골）
いわゆる日本の「鍋料理」をイメージするのはこちら。テーブルの上で火にかけながら食べる料理。

タンとクッは
スープがメイン

チゲとチョンゴルは
具がメイン

ホテルで朝食をとらない
という選択肢、アリです!

📖 地元の人と一緒に朝ご飯を食べるべし。

韓国の食堂は早朝から活気にあふれ、お客さんもいっぱい。
それもそのはず、朝から食べたいメニューが目白押しなんです。
たまにはホテルの朝食をパスして、お散歩気分で食堂に行ってみよう。

 海雲台 | 바다마루

朝からアワビ三昧という贅沢

パダマル

話題の新観光地「X the sky」(P76)のすぐそばにある。
釜山にアワビ粥のお店は多数あるが、この店はアワビの
量が段違い。最初に表面に見えないからと侮ってはいけ
ない。底のほうにたっぷりと入っているので、よく混ぜ
てから味わおう。ごま油の香りとアワビの肝のコクが合
わさり、最高に贅沢な朝を迎えることができる。

Check!
器の底に
アワビがたっぷり

Menu
チョンボッチュ
(アワビのおかゆ)
　特　18000w
　並　13000w

釜山市海雲台区中洞971
☎ 051-746-0397
🕐 7:00～21:00(ブレイクタイ
ム 15:00～16:00 ／ OS14:30、
20:30) 困 水曜(祝日の場合翌日)
🚇 地下鉄2号線中洞駅7番出口から
徒歩5分 ▶ MAP P121.C-12

\Tips/

朝におすすめドリンク

昔から韓国人が必ず飲むという
国民的飲料バナナウユ(バナナ牛
乳)と、人気急上昇中のフレッシュ
ジュース I'm Real。ホテルに買って
帰っておけば、翌朝が楽しみに
なるはず!

ピングレ
バナナマッ　1700w

なんと1974年に誕生以来、
一日に80万個売れるとい
う国民的飲料。日本人には
ちょっと甘く感じるが、辛
いものが続く胃腸にはちょ
うどいいのかもしれない。

I'm Real
Strawberry　3700w

日本人旅行者の間でもイン
スタなどで話題となるほ
ど、人気急上昇中。人
気の理由は無添加無香料
で、フルーツの味が濃い
こと。特にイチゴはその
ものを潰したような甘
酸っぱさが濃厚で美味。

「朝はパン派」におすすめしたい２店！

券売機は日本語対応のタッチパネルなので言葉がわからなくても安心。カード決済が基本

西面 에그드랍

ドラマにもよく登場する人気チェーン

EGG DROP（エグドゥラッ）

韓国全土で200店舗以上あるという大人気のトーストチェーン。釜山でも西面、南浦洞、海雲台…と至る所で見かける。朝は出勤前の会社員が、夕方には学校帰りの学生が…と一日中老若男女でにぎわっている。「甘じょっぱい」味わいが日本人には珍しく、ふわふわのスクランブルエッグとバターの風味豊かなブリオッシュ生地のトーストは、日本帰国後も忘れられなくなりそう。

Menu

MR.EGG	3900w
AMERICAN HAM CHEESE	4900w
AVO HOLIC SET	8900w

※セットはドリンクとハッシュブラウン付き

■ EGG DROP 西面ロッテ裏門店
釜山市釜山鎮区釜田洞 515-1　☎ 051-807-2477
時 8：00 ～ 21：00　休 旧正月・秋夕　交 地下鉄１、２号線西面駅７番出口から徒歩３分
▶ MAP P124.E-5

南浦洞 신창토스트

往年のファンが多いトーストの老舗

シンチャントースト

釜山に遊びに来たら必ず立ち寄るというリピーターも多い店。一見屋台風だが、30年以上の歴史を誇る老舗だ。トースト、ハム、ジャム、チーズの４種類のうち、一番人気はふわふわのオムレツを挟んだシンプルな「トースト」。素朴ながらふんわり甘さのあるオムレツは優しい味わいで、朝にぴったりだ。

釜山市中区新昌洞２街 29-3
☎ 051-245-1724　時 7：00 ～ 20：00
休 旧正月、秋夕　交 地下鉄１号線チャガルチ駅７番出口から徒歩10分　▶MAP P122.D-5

Check!
フルーツをふんだんに使ったジュースも朝に最適

二つに分けてくれるので、友達とシェアしてもいい

Menu

トースト	1800w
ハムトースト	3000w
フルーツジュース	3000w

温かい麺も、冷たい麺も、辛い麺も、優しい麺も。

📖 多種多様な釜山の麺文化を楽しむべし。

長い麺は長寿を表すと言われ、お祝い事のときには麺料理を食べることが多い韓国。自然とその種類も増え、スープは牛、豚、海鮮系…、麺は小麦、そば粉、きな粉…と多種多様なバリエーションが存在します。

Check!
注文時に
先払いなので
気を付けよう

南浦洞 │ 원산면옥

釜山一有名な冷麺専門店

元山麺屋
ウォンサンミョノッ

何時に訪れても人が絶えることがない、釜山で一番有名な冷麺の店。あっさりした味わいの「平壌冷麺」とピリ辛混ぜ麺「咸興冷麺」の2種類がある。おすすめは透き通ったスープの「平壌冷麺」。スープを飲み干すほどの味わい深さだ。卓上にある酢やコチュジャンを加えて、自分好みの味に調えるのが通っぽい。

冷麺を頼むと出てくるスープ。
冷えた身体を温めてくれる

釜山市中区昌善洞1街37　☎ 051-245-2310
🕐 11:00 ～ 21:30　休 無休　🚇 地下鉄1号線南浦駅
1番出口から徒歩5分　▶MAP P122.D-18

┌─────────────────┐
│   Menu   │
│   │
│ ピョンヤンネンミョン   │
│ 平壌冷麺   14000w │
│ ハムン   │
│ 咸興冷麺   14000w │
└─────────────────┘

南浦洞　18번완당

釜山唯一のワンタン専門店
18番ワンタン
シッパル ボン

韓国では珍しいワンタンを専門に、創業半世紀以上営んでいるという老舗。戦後日本に渡った先代が日本でワンタンを知り、それを持ち帰ってアレンジをしたという。磯の香りが漂うすっきりしたスープはまさにオリジナルの味わい。生麺が加わった優しいワンタン麺は、なんだか懐かしくなる。

Menu	
ワンタン麺	9000w

店内ではすごいスピードでワンタンを包む様子を見ることができる。まさに職人技！

釜山市中区南浦洞
3街1番地
☎ 051-245-0018
🕐 10：30 ～ 20：00
休 無休　図 地下鉄1
号線チャガルチ駅7番
出口から徒歩5分
▶ MAP P122.D-14

シンプルだからこそ、スープの旨みをしっかり感じるカルグクス

西面　조선칼국수

お腹に優しい
朝鮮カルグクス
チョスン

韓国を代表する麺料理の一つがこのカルグクス。小麦粉で練った生地を包丁で切った、日本のうどんのような麺だ。あさりのダシが効いた優しいスープは飲んだあとの締めにも最適。

釜山市釜山鎮区釜田洞240-3
☎ 051-806-7019
🕐 10：00 ～翌5：00
休 無休　図 地下鉄1、2号線西面駅7番
出口から徒歩6分　▶ MAP P124.E-15

Menu	
カルグクス	6000w

Experience
12

屋台で隣の人と
仲良くなっちゃおう！

📖 勇気を出して屋台にチャレンジするべし。

朝から晩まで人が途切れない釜山の屋台。小腹がすいたらオデンをつまみ、おやつタイムにはホットックやトッポギを、暗くなってきたら焼酎片手にサキイカで一杯。言葉が通じなくても、隣の人となんとなく仲良くなっちゃうのも屋台の魅力です！

Check!
シアホットック　2000w
黒砂糖を包んで揚げた
ホットックの中に、ナッツや
種などをたくさん入れたおやつ。
カリカリの生地と、溶けた
黒砂糖の食感がたまらない

南浦洞　BIFF 광장

映画と屋台の広場
BIFF 広場
ビ フ クァンジャン

いつも行列ができているシアホットックの屋台が目印。ここを中心に東西南北にさまざまな店が並ぶ。長〜いソフトクリームやポテトなど、おやつ系が多いのが特徴。

釜山市中区南浦洞2街　開困 各店舗による
交 地下鉄1号線チャガルチ駅7番出口から
徒歩3分　▶MAP P122.D-15

\Tips/

BIFF広場のBIFFって何？

Busan International Film Festival（釜山国際映画祭）の頭文字をとって、BIFF 広場と呼ばれている。現在は海雲台エリアで開催されているが（→ P94）、始まったころはここが開催エリアだった。今でも映画の街として知られ、通りにはスターたちの手形が埋め込まれている。

西面 서면먹자골목

飲んだ後にも最適
西面モクチャコルモック
（ソミョン）

デジクッパ通りと平行し、オデンやスンデ
等のおかず系が中心。そのため夜遅いほう
がにぎわってくる。キンパ（巻きずし）や
マンドゥ（饅頭）を持ち帰って、翌朝の朝
食にしてもいい。

釜山市釜山鎮区釜山2洞
営休 各店舗による
交 地下鉄1、2号線西面駅
1番出口から徒歩3分
▶MAP P.124.E-6

どの屋台でもアジュンマが
大活躍。アジュンマと打ち
解けると、あっという間に
周りのお客さんとも仲良く
なれる

\Tips/

屋台いろいろ

トッポッキ

オデン

チィポ（かわはぎ）

コグマティギム
（さつま芋フライ）

映画のおともには
スルメ、が韓国風

マンドゥ
（饅頭）

キンパ

ワッフル

Experience

13

南浦洞 vs 西面、2大人気
スイーツカフェ 徹底比較！

📖 **2大タウンで大人気のカフェを探索すべし。**

フォトジェニックなカフェが多い韓国ですが、熱しやすく冷めやすい気質なのか、新しいカフェがどんどんとオープンする一方で、閉店する店舗が多いのも実情。そんななか、南浦洞と西面という2大タウンで人気を保ち続けている殿堂入りカフェをご紹介しましょう。

南浦洞 代表！

右から黒ゴマアインシュペナー、白磁月壺、エスプレッソ。「白磁月壺」はラズベリーソースをスポンジで包み、ホワイトチョコで成型した芸術的スイーツ

\Tips/

遠目にも目立つ外観のカフェ。カフェとしては珍しく店内にエレベーターもあるので、スーツケースを持ったまま入店する客も多い

南浦洞 연경재

伝統の空間で芸術的スイーツを

ヨンギョンジェ

地下鉄1号線南浦駅と中央駅のちょうど間くらいに位置する、外観が特徴的なカフェ。3階まである店内は広く、韓国の伝統的なインテリアとモダンな雰囲気という不思議な空間だが、居心地がいい。窓に向かって並ぶ二人用ソファ席もいいし、子ども連れなら靴を脱いで上がる小上がり風のシートも良さそう。

Menu

白磁月壺	8000w
エスプレッソ	5500w
アメリカーノ	5500w
カフェラテ	6000w
黒ゴマアインシュペナー	7500w

🏠 釜山市中区中央大路29番ギル6
☎ 0507-1412-5753
🕐 11:00～22:00（OS21：30）
🈳 無休　🚇 地下鉄1号線南浦駅
7番出口から徒歩3分。地下鉄1号線中央駅1番出口から徒歩3分
▶ MAP P123.D-6

かわいい＋本格派スイーツ
MOLLE
モルレ

店内に厨房を持ち、出来立てのスイーツを
楽しませてくれる本格派のお店。インスタ
映えしそうなケーキはどれもボリュームが
あるので、二人でシェアするくらいでちょ
うどいい。爽やかな水色の外観が特徴的
で、南浦洞にも支店あり（釜山天主教会すぐ
そば）。外観が同じ色なのでわかりやすい。

釜山市釜山鎮区
中央大路釜田洞 198-6
☎ 051-807-2272
🕐 11:00 〜 23:00　🈳 無休
🚇 地下鉄 1、2 号線西面駅 2 番
出口から徒歩 10 分
▶ MAP P125.E-28

「レッドベルベット」8000w
とにかくビジュアルがかわいい！

「エイッアーワー」5500w　手作りの
クリームがたっぷり入ったダッチコー
ヒー。クリームの質が良く、コーヒー
マニアも納得する味わい

レインボーケーキで一世を風靡したが、既に流行は終わりかけているよう。ブームの速
度が日本以上に早いのが韓国だ

\Tips/

モルレから歩いて5
分ほどのところには
「田浦カフェ通り」と
呼ばれるストリート
があり、個性的なカ
フェが連なっている。
カフェ好きならこの
辺りをブラブラする
だけで楽しめそう。

Check!
日本語や中国語の
メニューを揃えている
ことからもわかる通り、
国内外の旅行者も多い

Experience

14

定番カフェで
地元っ子気分。

 滞在中一度は定番カフェに行くべし。

韓国も日本に負けず劣らずのカフェブーム真っ只中。個々の人気店も多いですが、それ以上にチェーン展開するおしゃれカフェの数は日本より多いくらいです。わざわざ地図を見ながら行く必要もないくらい、街のあちこちに点在している人気チェーン店。滞在中1～2度は、つい立ち寄っちゃうはずです。

西面 더 커피빈 앤 티리프

落ちついた大人のカフェチェーン

The Coffee Bean
& Tea Leaf

ザ コーヒー ビーン
ティー リーフ

世界に1000店舗以上展開するスペシャリティコーヒーの元祖的チェーン店。日本からは残念ながら撤退したが、コーヒー人気が根強い韓国ではしっかり定着している。西面駅から近いこちらの店舗は店内が広く、一面窓で明るい雰囲気。落ち着いた雰囲気で居心地がいいためか、年代層は意外と高い。

釜山市釜山鎮区釜田洞 257-3
☎ 051-802-4282
⏰ 8：00～24：00（土日9：00～）　休 無休
🚇 地下鉄1、2号線西面駅1番出口から徒歩2分
▶MAP P124.E-7

本格コーヒー以外にも、大人向けソフトドリンクも充実。どちらもノンアルコールのスパークリングドリンク（右）済州レモンスウェーデン　6900w　（左）プラムブロッサムジャスミングレープフルーツ　6900 w

店内閲覧用の雑誌は写真が多めなので、言葉がわからなくても楽しめる

Menu

ヘーゼルナッツアメリカーノ
S5500w　R6000w　L6300w
カフェスア（練乳コーヒー）
S6900w　R7400w　L7700w

CHecK!
有機豆を使った
コーヒーも人気

ソフトクリームは
牛乳と豆乳から選べる

┌─────────────────┐
Menu

ソフトアイスクリーム
（牛乳）4800w
└─────────────────┘

海雲台　백미당

ミルクの美味しさが別格

百味堂
ペンミダン

韓国大手の南陽乳業が手がける、有機牛乳とオーガニックコーヒーで作られたソフトクリーム店。季節限定のフルーツ商品も多数あるが、まずは基本のミルクソフトをどうぞ。バターのような濃厚な味わいから、品質の高い乳脂肪分を感じる。海雲台店のほか、西面や南浦洞など釜山各地にあるので、見かけたら迷わず試してみよう。

■海雲台店
釜山市海雲台区佑洞 646-6 新羅ステイ海雲台ホテル1F　☎ 070-5167-7989
🕐 月～木　10：00～21：30　金土日　10：00～21：00　🚇 地下鉄2号線海雲台駅7番出口から徒歩7分　▶ MAP P121.C-21

オリジナルドリンク「ドロプチーノ」はフローズンドリンク。マキアートやレモン＆ライムなど多種ある

釜山港　드롭탑

シンプルでナチュラル系のカフェ

DROP TOP
ドロプタプ

こちらは 2012 年に誕生したカフェチェーン。映画「猟奇的な彼女」で人気となったチョン・ジヒョンをモデルに起用して話題を集めた。ドロプチーノというオリジナルドリンクの他、「ADE」というフルーツ炭酸系ドリンクも人気。
アデ

釜山市東区草梁洞 45-39　☎ 051-442-2282
🕐 7：50～18：00　🈚 無休　🚇 釜山港国際旅客ターミナル内　▶ MAP P120.A-10

CHecK!
港を眺めながら、
ほっと一息

┌──────────────────────────────┐
Menu

キャラメルドロプチーノ　レギュラー　5500w
グレープフルーツティー　　　　　　　5300w
メープルハニーブレッド　　　　　　　5900w
└──────────────────────────────┘

15・定番カフェで地元っ子気分。　**41**

釜山って、
コーヒーの聖地 なんです。

📖 釜山で本格コーヒーを飲むべし。

世界から韓国に入ってくるコーヒー豆の実に95％は釜山から全国に流通している、とも言われています。新鮮な豆が入ってくる地でもあり、全国に名をとどろかせるロースタリーがある地でもあり。この街を代表する本格コーヒー店はこの3つ！

モモスキャンディはエスプレッソの中にフレーバーキャンディーを入れた一杯。キャンディーの甘さと香りが少しずつ溶けだしていく

日本語がわかるスタッフもいる

Check!
まるで
コーヒー博物館
のような店内

影島　모모스 커피로스터리 & 커피바

釜山を、韓国を代表する名店
MOMOS COFFEE
モ　モ　ス　コ　ピ
ロースタリー＆コーヒーバー

韓国で初めて、ワールドバリスタチャンピオンシップの優勝者を生み出した人気店。釜山のみならず、韓国全土からもコーヒー通たちが訪れる。地下鉄温泉場前駅の本店にも訪れてほしいが、影島のこちらの店では豆の保管過程からロースティング、抽出までコーヒーを淹れるすべての工程を見ることができる。

釜山市釜山影島区蓬莱ナル路160
☎ 070-5129-0184
🕘 9：00～18：00　休 不定休
🚇 地下鉄1号線南浦駅6番出口から徒歩10分
▶ MAP P120.A-17

Menu	
エスプレッソ	6000w
アメリカーノ	6000w
モモスキャンディ	6500w

西面 블랙업커피

塩味ラテは不思議なおいしさ
Black up coffee
ブレク オブ コーヒ

シグニチャーメニューは、コールドブリューの
上に甘いクリームがのり、その上から塩がふり
かけられた「ヘスヨプコーヒー」。釜山の海を
イメージして作られた、ほんのり塩味が意外と
コーヒーに合う。ストローを使わず直接グラ
スを口にすることで、コーヒーの苦み、クリー
ムの甘さ、塩の香りが三位一体となる。

釜山市釜山鎮区釜田洞168-152 ☎ 051-944-4952
時 10：00～23：00（OS22：30）休 無休（旧正月・
秋夕未定）交 地下鉄1、2号線西面駅2番出口から徒
歩3分 ▶ MAP P125.E-23

Check!
1階でパンや
スイーツを買ってから、
2～3階に上がろう

Menu	
アメリカーノ	4800w
ヘスヨプコーヒー（シーソルト）	6500w

Check!
豆の販売も
しているので
お土産にぜひ

西面 FM 커피하우스

自家焙煎の本格派
FM Coffee House
コーヒ ハウス

2階建ての白い外観が目立つ。気候のい
い季節は2階のテラス席がおすすめだ。
街を歩く人たちを眺めながら、ゆっくり
と味わおう。シグニチャーは生クリーム
とコーヒーが半々になった「トゥモロー」
というメニュー。

混んでいたら
迷わず2階へ！

釜山市釜山鎮区田浦洞685-11
☎ 051-803-0926
時 10：00～22：00（OS21：00）
休 無休 交 地下鉄2号線田浦駅7番出
口から徒歩1分 ▶ MAP P125.E-25

Menu	
アメリカーノ	4500w
本日のコーヒー	5000w
トゥモロー	6000w

釜山がクラフトビールの街だって、知ってました？

📖 釜山の２大クラフトビールを飲み比べるべし。

スペシャルティコーヒーに引き続き、海のリゾート地・釜山は、クラフトビールの聖地とも言われています。美しいビーチがあるところに、うまいビールあり…は、世界共通でしょうか。

広安里　갈매기 브루잉　🍷

釜山クラフトビールの元祖
カルメギブルーイング

2014 年にカナダ、アメリカ、スコットランド出身の外国人によって設立された、釜山で初めてのクラフトビールブルワリー。広安里のみならず、海雲台や南浦洞にも直営店を持つので訪れやすい。各店では自社製品以外の他社・他国のクラフトもそろえているので、ここで一気に飲み比べるのも面白いかも。一番人気はカルメギ IPA。柚子の香りと塩を感じるシーブリーズも爽やかで面白い味わい。

釜山市水営区広南路 85 2F ☎ 051-627-4328
🕐 日曜～木曜　17：00 ～ 01：00　金・土曜 16：00 ～ 02：00　休 無休　🚇 地下鉄２号線広安駅 5 番出口から徒歩 15 分
▶ MAP P120.A-15

CHECK!

海雲台と南浦洞にも支店がある。
※写真は海雲台店

左　GALMEGI IPA 8000w
右　SEA BREEZE 7500w

ビールと相性がいい
ピリ辛ナチョス！

Menu

PICO DE GALLO AND CHIPS	14000w
COTTAGE PIE	16000w

広安里 고릴라브루잉

明るい雰囲気がファミリー層にも人気

ゴリラブルーイング

イギリス人2名が2015年に設立したブルワリー。自社農場でホップの自家栽培を行うなど、こだわりが強い。タップルームにはなんと20種類近くが並び、自社のみならずコラボビールやゲストビールも多数。4種が選べるサンプラーで、気になるビールをまずは選んでみよう。

釜山市水営区広南路125 ☎ 051-714-6258
時 月曜〜木曜 18：00〜23：00 金・土曜 11：30〜0：00 日曜 11：30〜23：00 休 無休 交 地下鉄2号線広安駅5番出口から徒歩10分 ▶MAP P120.A-14

ChecK!

味の特徴を
英語で書いているので、
好みの味を選びやすい

サンプラーは1杯200mlずつ入っているので、二人ならシェアしてもいいかも

\Tips/

ちなみに、こちらのお店から徒歩5分の海岸では毎土曜日ドローンショーが行われている。こちらも必見！

┌─────────────────┐
　　　　Menu
　サンプラー（4種）　　19000w
└─────────────────┘

Experience
17

実は焼酎よりビール好き
かも？ビアバー続々！

📖 進化する韓国ビアバーを堪能すべし！

日本に比べるとぐんと安いのがお酒の価格。特にお店では日本の半額くらいの料金に驚きます。生ビールは安いところだと 3500w 程度のお店も。さまざまなタイプのビアバーが、釜山各地で営業中！

ラガーや IPA など、タイプの違ったビールを選んで好みの一杯を見つけたい

Check!
ナチョス(14900w) など、
フードも充実

西面　와일드캣브루잉

まるで西洋にいるかのよう
ワイルドキャット　ブルーイング
Wildcat Brewing

西面の中心地から少し離れているが、釜山在住の西洋人たちに人気のお店。醸造タンクを眺めながらのカウンター席もよし、仲間たちとワイワイテーブル席もよし。オリジナルのビールも多いので、まずはサンプラーでお気に入りの一杯を見つけるのもいい。

Menu	
サンプラー（3種×170ml）	10000w
Lemonberry Breeze	7500w
Victory Lager	6000w
BLISS IPA	6500w

釜山市釜山鎮区新川大路 62 番キル 2
☎ 0507-1395-6625
🕐日曜〜木曜　17：00〜24：00　金曜 17：00〜０：30
土曜 16：00〜０：30　困 無休　交 地下鉄 1、2 号線西面
駅 1 番出口から徒歩 10 分。地下鉄 1 号線ボムネコル駅 7 番
出口から徒歩 5 分　▶ MAP P124.E-30

西面　사보이

おしゃれな英国風パブ
SAVOY 2号店
サヴォイ

釜山のビアバーの先駆け的存在。実はすぐ
近くに1号店があるものの、とっても狭い
スペースなのでこちらの2号店のほうがお
すすめ。本場英国さながらに、カウンター
でキャッシュオンシステム、つまみを頼ま
ずビールだけでもOK。スタイリッシュな
店内には西洋人の姿も多く、一瞬どこを旅
しているのか忘れてしまいそう。

Check!
イギリススタイルの
カウンターで
前払い制

Menu

生ビール（MAX）	3500w
フレンチフライ	8000w
フィッシュアンドチップス	12000w

釜山市釜山鎮区
釜田洞168-271
🕐16：00〜翌3：00
（週末〜翌4：00）
🈚無休　🚇地下鉄
1、2号線西面駅4番
出口から徒歩2分
▶MAP P125.E-19

東莱　허심청브로이

本格ドイツビアホール
虚心庁ブロイ
ホシンチョン

なんと、650人も収容可能という超
大型ビアホール。釜山随一の人気温
泉「虚心庁」の施設内に併設されて
いるので、温泉後の一杯を楽しみに
訪れる人も多い。本場ドイツからブ
ラウマイスターを招き、醸造機材も
全てドイツ製というこだわりよう。
連日の韓国料理の合間に、たまには
ソーセージやアイスヴァインもいい。

釜山市東莱区温泉洞137-7
☎051-550-2345　🕐16：00〜翌2：00
（日祝15：00〜翌2：00）　🈚無休
🚇地下鉄1号線温泉場5番出口から
徒歩10分　▶MAP P126.G-3

Menu

ビール	500cc	7000w
	2000cc	24000w
ドイツソーセージプレート		35000w

Check!
週末は
ドイツ人の生バンドが
演奏することも

ビールは「ピルスナー」「デュンケル」
「ヴァイツェン」の3種から選ぶことができる

2軒目は、デザート代わりに マッコリが釜山流

大人のデザートにはフルーツたっぷりのマッコリを選ぶべし。

ビールや焼酎と一緒に辛いものをたくさん食べたあとに欲しくなるのは、さっぱりとした甘いもの。かき氷やスムージー気分で楽しめる「フルーツマッコリ」はいかがでしょう？旬のフルーツと攪拌されたマッコリは、2軒目ドリンクにぴったりです。

マッコリは最初の注文は1000mlのみ。2度目から500mlを選ぶことができるようになる。マッコリ1000ml＋フード1品が、最低必要注文数だ

Check!
いちごのツブツブ感と氷のシャリシャリが面白い

お腹いっぱいのときにおすすめしたいのがこの「ポッケ」という魚を干したもの。マッコリに合い、意外とスナック感覚で食べられる

西面 전야제

フードメニューも充実
ジョンヤジェ

西面の繁華街にあり、通りに面した入口がオープンなので入りやすいお店。多種多様なフルーツシャーベットマッコリを楽しめる。おすすめはタルギ（イチゴ）マッコリ。赤い見た目がかわいらしく、程よい甘みとシャリシャリの食感がまさにハシゴドリンクにうってつけ！鍋などしっかりめのフードメニューも揃っているので、もちろん1軒目にしてもいい。

Menu

いちご（タルギ）マッコリ	
1リットル	10000w
ポッケ	15000w
豆腐ベーコンキムチ炒め	17000w
ゴルゴンゾーラカムジャジョン	
（ジャガイモのチヂミ）	20000w

釜山市釜山鎮区東川路85番キル17
☎ 051-808-0601
🕐 17：30～翌7：00（金・土曜～翌9：00）
🈲 無休　🚇 地下鉄1、2号線西面駅2番出口
から徒歩6分　▶ MAP P125.E-22

伝統家屋でスイートなマッコリを

トップネ

韓屋風の店内は、靴を脱いでくつろぐ半個室とテーブル席がある。マッコリがそんなに得意じゃない人もリピーターになってしまうという不思議なマッコリ店だ。その理由は、フルーツを使った、甘くデザートのようなマッコリが充実しているから。イチゴやバナナなど新鮮なフルーツとマッコリを撹拌して作る特製ドリンクはミックスジュースのようで美味しい。とはいえ、度数はそこそこあるので飲みすぎに注意！

Menu

マッコリ	10000w
いちご（タルギ）マッコリ	13000w
バナナマッコリ	13000w
ナマックス（干しナマズ）	12000w

釜山市中区昌善洞2街4
☎ 051-246-7022　時 17:00～翌1:00
休 無休　交 地下鉄1号線チャガルチ駅
7番出口から徒歩7分
▶ MAP P122.D-10

「トップネ」とは韓国語で「おかげさま」という意味。店の看板には店名とともに日本語で「おかげさま」と書かれているので見つけやすい

Check!
マッコリは
シェアしてちょうど
いいくらいたっぷり

ホテル部屋飲み調査！
何を飲む？

📖 ホテルで3次会を楽しむべし。

パジャマになって、あとは寝るだけ…の状態で飲むお酒は、楽ちんで最高！
コンビニやスーパーで買うことができる、持ち帰り用のお酒を集めてみました。ホテルに帰ってお風呂に入ったら、3次会のスタートです。

ビール編

「韓国のビールは薄い」という印象を持っている人も多いかもしれませんが、実際に薄く感じます…。ここではコンビニ等で見つけることができる、「美味しい」韓国ビールを、独断で選びました。

LOVE
BEER
♣

TERRA

テラ

2019年の発売開始時、わずか100日で一億本を出荷したと言われる、新・国民的ビール。オーストラリア産の麦芽を100％使用した味わいは、すっきりとしていて韓国料理によく合う。

Kloud

クラウド

薄いビールが主流だった韓国で、最初に大衆の人気を得た「濃いビール」。麦芽がしっかりと香る味わいは、韓国在住の外国人たちの間でも評判が高い。

KELLY

ケリー

2023年に登場したばかりにも関わらず、すでに新定番になりつつある。ダブル熟成工法で強い炭酸感を作り出しており、のど越しさわやか。バランスの良いラガーだ。

マッコリ編

とにかく安くて驚くのがマッコリ。コンビニで 750ml 入りのペットボトルが 1000w 台で売られていることも。ヨーグルトのようなトロリとした味わいは女子人気高し。現地で飲むなら断然、生がおすすめ。

\Tips/

iCing アイシング

ここ数年、韓国女子の間で大人気のマッコリがこちら。マッコリといってもグレープフルーツ味で炭酸が入っているのでマッコリらしくなく、度数も低めでアルコールが苦手な人でも飲みやすい。缶のデザインがかわいいので、お土産にもおすすめ。

釜山生濁
生マッコリ

釜山のコンビニ等でおそらく一番よく見かけるだろう。プチプチとした発泡が美味しい。持ち帰っている間に振ってしまい、開けた瞬間炭酸が吹き出すこともあるので要注意！

ヌリンマウル
マッコリ

「襄商冤酒家」というメーカーが作る合成甘味料無添加の生マッコリ。ソウルにはこのメーカーが運営するパブがあり、マッコリ好きで連日満席だという。1本 3000w 弱と若干高め。

麹醇堂 ウグ生

百歳酒で有名なメーカー「麹醇堂」が出しており、韓国人にも人気が高い。国内産白米を 100％使用。シュワシュワの舌ざわりののち、濃厚な後口が残る。

焼酎編

コンビニやスーパーの棚に一番多くの種類が並んでいるのは、やっぱり焼酎。韓国の人は辛い料理に合う焼酎が大好きです。とはいえ日本でいう「甲類焼酎」がほとんどなので、苦手という日本人が多いのも確か。それなら最近人気の、フルーツフレーバーなどはいかが？

チャモン
エイスル

発売日に 100 万本以上売れ、ニュースになったグレープフルーツ焼酎。度数 13 度もあるのに、女子たちから絶大な人気を誇っている。グレープフルーツの苦みと焼酎が好相性。

チョウンデイ
ざくろ味

焼酎特有の香りがほとんどなく、苦みが少なく飲みやすい。ザクロは美容にもいいとチョイスする女の子が多いのだとか。さすが韓国女子、焼酎にも美容を求めるのですね！

チョウンデイ

こちらが基本の「チョウンデイ」。釜山発のメーカーで、これまで焼酎といえば 20 度あったアルコール度数を 17％以下に抑えたことで、ストレートで飲みやすいと人気が爆発した。

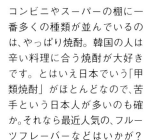

おしゃれスポットF1963で、コーヒーにする？マッコリにする？

📖 最新スポットでアートもお酒も楽しむべし。

工場跡地がおしゃれな文化空間に生まれ変わった施設が「F1963」。自然と芸術が共存する空間には、レストランやブックストアなどが入っています。なかでも人気はこの3店！

CheeK!
支払いは
クレジットカードのみ。
現金NGなので要注意！

「フュージョン韓国料理」ともいえる新しい感覚の料理もぜひ

水営 복순도가 🍷

これまでのマッコリ感を覆す、革命的マッコリ

福順導家
（ボクスンドガ）

以前、南浦洞で「発酵酒房」というお店を営んでいたが、こちらに移転。繁華街からは距離がある立地にも関わらず、タクシーに乗ってでも来るファンたちでいっぱいだ。まるでシャンパンのような微発砲と軽やかなのど越しは、いわゆる「マッコリ」とは別物のおいしさ。商品自体は日本でも買えるが、蔚山で作られた出来立てをこの地で飲むと格別だ。

Menu

ボクスンドガマッコリ　ノーマル／赤米
　　グラス　4000w　ボトル　18000w
スーパードライ
　　グラス　5500w　ボトル　23000w
ハンバンスユ（漢方煮豚）
　　　　　　小 35000w　大 45000w
モッツァレラペクキムチジョン　23000w

☎ 051-757-2963
🕐 水曜〜日曜　12：00 〜 20：00（OS19:00）
ブレイクタイム 15：30 〜 16：30　困 月・火曜

Check!
ハッピーアワー（火水木 17〜19時）はビールを1杯頼んだら1杯無料！

店内奥には巨大なタンクが！

水営　프라하993

伝統的チェコビールを釜山で
Praha993
（プラハ）

こちらはビールの本場、チェコのクラフトビールが楽しめるお店。チェコ初のビール醸造が行われたブジェブノフ修道院の方式をそのまま採用して造られた伝統的なチェコビールとチェコの伝統料理が楽しめる。醸造所も併設されているので、タンクを間近に感じながら出来立てを乾杯！

☎ 051-757-2703
時 11：00〜22：30（OS21：30）
休 無休

Menu
LAST BOHEMIAN	420cc	7800w
EL CARDON	420cc	8800w
HEFEWEIZEN	420cc	7800w
BEER SAMPLER	160cc×4	16000w

水営　테라로사커피

Check!
本を片手にコーヒーを楽しむ人が多い

書店に併設されたおしゃれカフェ
TERAROSA COFFEE
（テラロサコピ）

ここがかつて工場であったことをふんだんに生かした特徴的な内装。工場の古い鉄板を生かしたコーヒーカウンターやボビンのオブジェなど、「古くて新しい」おしゃれな空間だ。産地別の美味しいコーヒーはもちろん、天然酵母パンやスイーツもそろう。

Menu
アメリカーノ	Hot 5300w	Iced 5800w	
カフェラテ	Hot/Iced		6000w
ハンドドリップ	Panama Jose Geisha		12000w
	Guatemala Fred		6500w
	Brazil Candido		6000w

☎ 051-758-2239
時 9：00〜21：00（OS20：30）　休 無休

■ F1963
釜山市水営区望美洞475-1　☎ 051-756-1963
時 9:00〜24:00（お店により変動）　休 無休　交 地下鉄2号線水営駅からタクシーで約10分（5000w程度）。釜山港国際旅客ターミナルからタクシーで約30分（15000w程度）　▶ MAP P120.A-8

Experience

21

日本未上陸グルメを
誰よりも早く！

📖 誰よりも早く話題のグルメを楽しむべし。

日本にはまだ入ってきていない世界的に人気のお店を、釜山で発見！あの有名シェフが手がけたバーガーから、世界で大人気のスイーツまで。トレンドは、センタムシティに集まっています。

地下 **1** 階

Check!

ナイフの
切れ味のよさにも
びっくり

店内には不思議な
球体の個室も。予
約のみ使用できる
そう

入口はバーガー店
というよりさなが
ら高級レストラン
のよう

海雲台　고든램지 버거

あのミシュランシェフの高級バーガー

ゴードンラムゼイバーガー

イギリスで最もミシュランの星を獲得したという伝説のシェフ、ゴードンラムゼイが手がけるアジア初のバーガーショップ。グリュイエールチーズやポルチーニ、トリュフなど高級食材がふんだんに使われたバーガーは、まさに三ツ星の味わいだ。どれも30000w超えの高級さだが、日本では味わえない特別なメニューをぜひ釜山で。

Menu	
フォレストバーガー	33000w
ヘルズキッチンバーガー	31000w
レモネード	7000w
ミントエード	8000w

9階

海雲台　에맥앤볼리오스

ポップでキュートな映えアイス
Emack & Bolio's
（エマック）（ボリオス）

ボストン発祥、創業 40 年以上を誇る人気アイスクリーム店。台湾や香港、フィリピンにも展開しているが、まだ日本には未上陸だ。まずはチョコレートやシリアルがたっぷりまぶされたコーンを選ぶところから。何種類もあり、すでにここでワクワク迷ってしまう。そしてアイスクリームも数十種類以上。合成添加物等不使用ながらも、アメリカらしくしっかり甘いので覚悟してどうぞ！

2階

こちらも
日本未上陸ブランド！

海雲台　노스페이스 화이트라벨

韓国限定レーベルをチェック
THE NORTH FACE
（ザ　ノース　フェス）
WHITE LABEL
（ホワイトゥ　ラ　ベ）

日本にもファンが多いアウトドアブランドの韓国限定レーベルがこちら。アウトドア要素よりファッション性が高く、少しだけ低価格な日常使いのカジュアルさが人気で、ここを訪れるのを韓国旅行の目的にする人もいるほど。日本で他の人とかぶらないアイテムを探しているなら、ぜひ。

地下1階

海雲台　잠바주스

ボトリングしたジュースも販売している

ホットフルーツジュースは斬新
Jamba juice
（ジャンバ　ジュース）

日本には 2020 年に初進出したものの 2022 年に撤退したアメリカ本社のスムージーチェーン店。フルーツをたっぷり使ったその濃厚なおいしさに、熱烈なファンも多かった。しかし海を渡った釜山ではまだ健在！

```
            Menu
スムージー        R 5400w   L 6400 w
フレッシュジュース   R 7200w   L 7900w
プロテインやコラーゲンを 500w で追加できるサービスも！
```

■新世界百貨店センタムシティ店
釜山市海雲台区センタム南大路 35　営 10：30 ～ 20：00（金土日～ 20：30）　休 第 3 月曜　交 地下鉄 2 号線センタムシティ駅直結　▶ MAP P121.B-1

Experience

22

レトロ空間でカフェも雑貨も楽しむなら、ヘリダンキル。

📖 おしゃれ散歩を楽しむべし。

数年前から海雲台を代表するホットスポットとして注目を集めているヘリダンキル。小さなアパートの一階部分などが改装され、新たにカフェやスイーツショップ、雑貨店が多く集まる、若者に人気のエリアとなっています。散歩するだけでも心地いいですよ。

 海雲台　루프트맨션

お土産にも、自分用にも
ルフトゥメンション
LUFT MANSION

アパートの２階にあるような、隠れ家的なリビング専門セレクトショップ。オリジナルエコバック等が人気で、階段を上る人の列が途切れない。普段使いできそうな、さりげないおしゃれグッズは日本人にも人気。

普段使いできそうなおしゃれ雑貨がたくさん

Check!
大人気の
オリジナル
トートバッグ

┌─────────────────┐
│　　　Menu　　　│

ミルクグラス　25000w
タオル　　　　15000w
カード　　　　 2000w
ペン　　　　　 4000w
└─────────────────┘

釜山市海雲台区佑洞 517-3
🕐 11:00 ～ 18:00　休 無休
🚇 地下鉄２号線海雲台駅２、４番
出口から徒歩３分
▶ MAP P121.C-10

ヘリダンキルは、歩いているだけで面白い最新スポット！地図を見ずに適当に歩いても、入りたいお店にどんどん出逢えるはず。

Check!

通りの案内板も
おしゃれ

OFFON

ランチタイムに人気のカフェ。フルーツたっぷりのフレンチトーストやハンバーガーなどをどうぞ

GIFT SHOP

海に関する雑貨がたくさんあるお店

YOUR NAKED CHEESE

チーズとそれにまつわるものが一気に揃う。ナチュールワインも多くホテルでの部屋飲み用に買って帰るのもいい。ピザやスイーツなど、イートインもできます！

POUND CAKE SHOP

スイーツ店も目移りしそうなほどたくさん。テイクアウトにするかイートインにするか…悩みそう

LIMIT

通りから眺めるだけでもワインがかなりの量揃っている

Experience
23

ソウルで大人気スイーツを、釜山でも!

📖 ソウルの人気店を、釜山でもキャッチすべし

釜山は韓国第二の都市。言うまでもなく、首都・ソウルで流行ったアレコレがいち早く到着する、第二の流行発信地でもあります。釜山にしかない名物も多いですが、たまにはソウル発信の話題の人気店をキャッチアップするのも楽しいかも!

海雲台 | 카페노티드 🛍

ふわふわドーナツが人気
Café Knotted
カ ベ ノ テ ィ ド

ソウルでも連日大行列という大人気店。釜山には西面やセンタムシティ百貨店内にポップアップショップがあるが、ケーキ類を含めほぼ商品がそろっているのが、こちら海雲台の路面店だ。ピンクを基調とした店内は広く、時間をずらせば並ばずにゆっくり買えるのもいい。一番人気の「ミルククリーム」はふわふわの生地に甘さ控えめクリームがはみ出るほどたっぷり。甘党じゃない人でも、ペロリと食べられる軽さだ。

1階で注文し、商品を受け取ってから2～3階に上がろう

CHeck!

ピンクの店内はどこを写真に撮ってもバエる

釜山ロッテ百貨店（西面）や新世界百貨店（センタムシティ）にもポップアップショップあり

釜山市海雲台区佑洞618-14
☎ 0507-1361-5750
🕐 10：00 ～ 21：00
🈳 無休　🚇 地下鉄2号線海雲台駅3番出口から徒歩3分　▶ MAP P121.C-22

Menu	
ミルククリームドーナツ	3900w
アールグレイドーナツ	3500w
ストロベリークリームドーナツ	4200w
ヘーゼルナッツチョコボールドーナツ	3900w
チョコレートミルク（アイス）	5500w

エコバッグも人気
Café Layered
カ　ペ　レ　イ　オ　ド　ゥ

ソウル・安国に本店がある、英国風スコーンが大人気のカフェ。こぶし大ほどある大きめのスコーンは食べ応えがあり、一つで十分ランチになるかも。一番人気は意外にも「ネギスコーン」。スイーツというより、塩味強めの食事系スコーンだ。もう一つの人気はお店のキャラクターであるかわいいクマのグッズ。エコバッグはすぐに売り切れることもあるので、見かけたらお早めに！

こちらが一番人気の「スプリングオニオン（ネギ）スコーン」。一つでお腹いっぱいに！

ChecK!
ロゴタイプ（左）と
イラストタイプ（右）の
エコバッグは大人気だ

センタムシティ内にあるのでお買い物の休憩にもちょうどいい

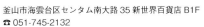

釜山市海雲台区センタム南大路35 新世界百貨店 B1F
☎ 051-745-2132
🕐 10：30 〜 20：00（金土日〜20：30）　休 第3月曜（百貨店と同じ）　🚇 地下鉄2号線センタムシティ駅直結
▶ MAP P121.B-1

Menu		
ペアエコバッグ	小 15000w	大 22000w
ロゴエコバッグ	小 12000w	大 16000w
ブルーベリースコーン		5200w
アールグレイスコーン		5200w
スプリングオニオン（ネギ）スコーン		5800w

大人気ドラッグストア・オリーブヤングは外せない。

📖 釡山女子御用達店で掘り出しものを探すべし。

韓国女子たちが毎日のようにお世話になっている店といえば、「OLIVE YOUNG」。コスメはもちろん、雑貨やお菓子など、暇があればついふらりと立ち寄りたくなる便利なお店なのです。

南浦洞　울리브영광복본점　🛍

BIFF 広場の角にエリア最大店が

オリーブヤング光復本店
（クァンボクポンジョム）

釡山にも何店舗もあるオリーブヤングだが、南浦エリアだとこの店が最大級。最新コスメの品ぞろえの良さはもちろん、ヘアケア商品のエリアにはヘアアイロンが置かれていたり、クレンジングスペースがあったりと、「試しやすい」環境を整えている。オリジナルスナックは品切れになるほど、いつも人気が高い。

釡山市中区 BIFF 広場 36　☎ 051-231-8363　🕐 10：00 ～ 22：30
🈳 無休　🚇 地下鉄 1 号線チャガルチ駅 7 番出口から徒歩 3 分
▶MAP P122.D-16

レギンスやマスクなど、セール中のものが多いのでまずはお店をぐるりと一周

ヘルシーな
お菓子は女子友
へのお土産にいい

Check!

ヘルスとビューティーは
まとめて、オリーブヤングに
おまかせ！

ドラッグストアな
のに、キッチン用
品や文具も

大人気の「スタイル
ナンダ」のコスメブ
ランド「3CE」も光
復本店に展開中

Check!

スクラブはその場で
試して好きな香りや
感触を選べる

\Tips/

「BOONS」
「WATSONS」
など、その他ド
ラッグストア
も個性的でそ
れぞれ面白いの
でのぞいてみて

Experience
25

釜山一のラグジュアリー
チムジルバンでデトックス。

📖 一度は必ず、チムジルバンを体験するべし。

何種類もの温泉やサウナを楽しめる「チムジルバン」は韓国の人々が大好きなリラックス施設。雨の日には家族連れやカップルでにぎわいます。地元スタイルも楽しいですが、せっかくなのでとびきりゴージャスな体験をしてみましょう。センタムシティにあるスパランドは、2種類の泉質を持つ温泉と、13種類ものテーマを持ったチムジルバンを楽しめる、美容と癒しのテーマパークです。

CHeck!

広い施設内には
15度、55度、68度…と温度の違う
サウナが13種類もそろっている。
汗を出したり、冷やしたりとすることで
新陳代謝が良くなり、デトックス効果が
期待できるのだとか

（海雲台） 신세계스파랜드 ♨

釜山で一番ゴージャスなチムジルバン
新世界スパランド
シンセゲ

とにかく清潔で、システムがわかりやすいため日本人に大人気の施設。ロッカーと温泉は当然男女別だが、チムジルバンフロアは一緒のため、カップルや夫婦で旅に来た人も共に楽しめるのが嬉しい。週末や平日の遅い時間は混むことが多いので、おすすめは20時前。チムジルバン用ウエアのまま施設内レストランに行けるので、この中で食事まで済ませてしまってもいいかも。

釜山市海雲台区センタム南大路35
☎ 1668-2850
🕐 8:00～23:00
（22:30最終入場）
㊡ 新世界デパートの休みに準じる
🚇 地下鉄2号線センタムシティ駅12番出口目の前
▶MAP P121.B-3

リラックスゾーンではシートマスクをして美容効果を高めている上級者も!

RELAX

男女一緒に楽しめる足湯ゾーン。チムジルバンで火照った身体を、ここで休めているカップルの姿も多い

ChecK!

エンターテインメントゾーンには
なんと、レストランやドリンクバーまで!
全てロッカーキーに課金できるので、
財布を持たずに好きなものを食べ、
好きなものを飲める

Menu

大人	20000w
小中高生	16000w

※小学生は同性の保護者とのみ利用可能。
18歳未満は22時以降は保護者同伴のみOK

ChecK!

宇宙のエネルギーが
最も集まりやすいとされる
ピラミッドの角度、
52度を再現した空間。
じっくりと汗を流そう

写真提供:スパランド/内容協力:韓国観光公社

Experience
26

南浦洞最先端
トレンドストリート。

📖 個性的でかわいいデザイン服を見つけるべし。

若者の街・南浦洞には「美化路」と「ファッションストリート」という2つのトレンド通りがあります。「美化路」のほうはどちらかというとハイセンスで少し大人っぽいファッションが多く、お隣の「ファッションストリート」はプチプラで最新の流行をおさえた、ティーンに人気のお店が連なっています。

南浦洞 미화로 👜

大人のおしゃれが揃います
美化路
ミファロ

ウィンドウショッピングだけでも、韓国の「今」がよくわかって楽しいのがこのストリート。小さな路面店が多いので、お店の人と会話を楽しみながら買い物しよう。

釜山市中区光復洞あたり　🕐おおよそ11:00〜22:00くらい　🚇地下鉄1号線南浦駅1番出口から徒歩10分
▶MAP P122.D-3

この通りには靴店が多い。日本人とサイズも合いやすいので、買い物がはかどりそう

Check!
通りにはベンチも多いので、ショッピングに疲れたらひとやすみ

キッズファッションこそ、プチプラで揃えましょう。

服のみならず、靴や雑貨もたくさん

すぐにサイズが変わってしまう子ども服こそ、安くてかわいい韓国製がおすすめ。美化路、ファッションストリートの北側の突き当りの通りを左折して、冨平市場のほうへ歩いていくと子ども服が揃う通りが始まります。特に名前のついていない通りなので、P122 の地図で位置の確認を。

アウターだと 7000w 〜、ジーンズ等は 30000w くらい。交渉できるので、チャレンジしてみて！

トップス、ボトムともに 10000 〜 20000w くらいの価格帯が揃っている

南浦洞　패션 스트리트

プチプラはおまかせ！

ファッションストリート

美化路とは違い、通りいっぱいに屋台や露店が並びにぎやかな雰囲気。食べる人、買う人ともに多いので、スリなどに注意をしながら掘り出し物を探したい。

釜山市中区光復洞あたり
🕐 おおよそ 11:00 〜 22:00 くらい
🚇 地下鉄 1 号線南浦駅 1 番出口から徒歩 10 分
▶ MAP P122.D-2

プチプラブランドも活用しよう

町中やショッピングモールでよく見かける「TOP10」はメンズ、ウィメンズ、キッズが全てそろう韓国のユニクロ的存在。韓国全土で勢いを増しているのは「SHOOPEN」。個性的なサンダルやスニーカーが見つかると、韓国旅行のマストバイブランドに挙げる人も多い。

TOP10

BIFF モール（南浦洞）や NC 百貨店（西面）にあり

SHOOPEN

NC 百貨店（西面・海雲台）にあり

Experience
27

心も身体も休まるのは、やっぱり日系ホテル。

📖 日本語が通じるホテルで休むべし！

旅先で体調が悪くなったり、急に予定が変わったり…そんなとき頼りになるのは、やっぱり日本語が通じるホテル。しかも大浴場があったらやっぱりホッとするのは、日本人だから？旅を目いっぱい楽しむためにも、ホテルは日系を選んでゆっくりしましょう。

西面　솔라리아 니시테츠 호텔 부산

なじみ深い日本スタイル

ソラリア西鉄ホテル釜山

釜山一の繁華街、西面の南側にある日系ホテル。便利な場所にありながらも、大通りから一本入ったところにあるので、意外と静かで落ち着いている。海外のホテルに行くと使い勝手がいつもと違い、コンセントの位置を探したり、パジャマがないことに焦ったり…ということも多々あるが、そんな心配はご無用。日本同様に冷蔵庫があり、ケトルがあり、という環境にホッと一息つける。また、別料金にはなるが大浴場があるのも嬉しいポイント。歩き疲れた足をぐっと伸ばして、大きな湯舟でしっかりリラックスしよう。

言葉が通じるのは、思いのほか安心感が大きい。おすすめのお店などもフロントスタッフに気軽に聞いてみよう

釜山市釜山鎮区西面路 20
☎ 051-802-8586
🕐チェックイン15：00　チェックアウト12：00　休 無休　図地下鉄 1、2 号線西面駅 7 番出口から徒歩 10 分
▶ MAP P124.E-10

Check!
客室の作りは日本とほぼ同じで、ストレスなし。

一人1本のミネラルウォーターやコーヒーなど、日本と変わらぬサービスに安心感。ただし、環境保護の観点から歯ブラシは置いていないので、ここだけ注意して。(フロント階の自販機にて販売あり)

Check!
パジャマとスリッパがあるのは、海外では嬉しいポイント!

朝食バイキングには日本語表記もあるので、ご年配層も安心して利用できる

家族連れや大人数の旅行に嬉しいオンドルルーム。寒い冬でも床暖房でぽかぽかだ

Check!
食べすぎた日はジムで汗を流そう!

旅の疲れは、湯舟で癒やそう。手足を伸ばしてのんびりつかる快感は、やっぱり格別

Experience
28

インスタ映えするのは
ピンスとタワー。

📖 **SNS用写真は気合を入れて撮るべし！**

旅の合間にSNSにアップしたいものといえば、その街のシンボルタワーと
シンボルスイーツ。東京ならスカイツリーとどらやき、パリならエッフェル
塔とマカロン？じゃあ釜山は、釜山タワーとピンス（かき氷）で決まりです！

Check!
韓国のお寺などで見られる
伝統的な建築様式も
見られるので、ベスポジから
撮りたい

光復路と逆側の、釜山天主教会
側から撮った写真もアングルが
珍しくていいかも

光復路からエスカレーターで
登れるのでラクチン。ただし、
下りは階段のみなので歩きや
すい靴で！

エスカレーター途中には、
健康器具が置かれた公園
も。一休みしつつ、足腰を
伸ばしてみる？

南浦洞　부산타워&용두산공원　

釜山のシンボル的存在
釜山タワー&龍頭山公園
ブ　サン　タ　オ　　　ヨン　ドゥサン　コン　ウォン

釜山を旅する人でここを訪れない人はいない、
というほどの名所。碁を打つおじいさんたち
や、走り回る子どもたちの姿がいつもあり、市民
にとっても憩いの公園となっている。2021年
にリニューアルオープンしたタワー内には各種
フォトゾーンやロボットアームが飲み物を作っ
てくれるカフェなどが新たに誕生。釜山全景が
楽しめる展望台も含め、入場料は別途必要（大人
12000 w）。

釜山市中区光復洞2街1-2　☎ 051-601-1800
🕙 10：00 〜 22：00　休 無休　🚇 地下鉄南浦駅7番出口
から徒歩5分　▶MAP P123.D-21

南浦洞 설빙본점

釜山生まれのビジュアル系かき氷

雪氷本店
ソルビンボンジョン

韓国全土のみならず、日本でも人気の雪氷だが、なんと釜山が発祥の地。釜山タワーのお膝元、南浦洞に本店がある。韓国女子たちのＳＮＳには、夏も冬もかなりの頻度でこちらのピンスが登場。食べておいしい＆見て楽しい、世界的に人気のスイーツをかわいく撮ってＵＰしよう。

釜山市中区昌善洞１街 37-2　☎ 0507-1309-2478
🕐 11：00 ～ 22：30　🈳 無休　🚇 地下鉄１号線南浦駅１番出口から徒歩７分　▶ MAP P122.D-12

一番人気はなんといっても、きなこを使った「インジョルミソルビン」。ふわふわの粉雪のような氷に、甘さ控えめのきなこがたっぷりとかかっている。これに、レジ横にあるかけ放題の練乳をかけて食べるのが釜山っ子流だ

同じくきなこたっぷりの「インジョルミトースト」も人気。この２つを食べれば、この店が国内外でなぜ大ブレークしたかがわかるだろう。空港にも２店あるので（→P119）、滞在中食べそびれたら帰国間際にどうぞ

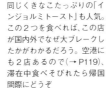

ＣｈｅｃＫ!
季節限定メニューも
要チェック

春はいちご、夏はマンゴー、秋はティラミス、冬は抹茶…というように、その季節しか食べられないメニューも多数登場する。トック（餅）が入っていたり、ダイス状のチーズケーキが乗っていたりと、もはやかき氷の範疇を超えた新感覚のピンスだ

Menu	
インジョルミ雪氷（きなこかき氷）	8900w
インジョルミトースト	4800w
リアルグリーンティー雪氷（抹茶かき氷）	11500w

Experience

29

荒嶺山で
ライトなハイキングを。

📖 山頂から釜山の絶景を見るべし。

釜山を見渡すシンボルマウンテン、荒嶺山。地元の人たちにとって、気軽にお散歩したり、デートで夜景を見に行ったりする身近な山です。地下鉄を使って、軽くトレッキングに行ってみましょう。 ▶ MAP P120.A-18

START!

地下鉄2号線金蓮山の6番出口を出ます

進行方向そのまままっすぐ約100m進む

この角を右折したら、あとは道なりに歩こう

ここが遊歩道の入り口。タクシーでここまで乗り付けることもできる。ここから頂上まではゆっくり歩いでも10分程度

この入口に向かって左側に公衆トイレがあるので、済ませておくのが賢明

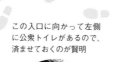

GOAL！

夜景も素晴らしい。ということ
で、もちろん夜になるとカップ
ルだらけになる

頂上展望台からは西面や海雲台など、釜山中をぐるり
360度見渡すことができる。絶景！

公園を通過したら山頂まであと少し！

階段をひたすら登るので
ヒールやサンダルはNG

登山道は整備されているので、
女性でも気軽に登山可能

釜山は海岸お散歩道が
とてもキレイなんです。

📖 釜山の海沿い散策路、どれか一つは歩いてみるべし。

複雑な海岸線を有する釜山の街には、海岸沿いに散策路が整備された公園が多数あります。そのなかから、アクセスも景色もいい旅行者にぴったりの公園を3つご紹介。お天気がいい日には、潮風を感じる海辺散歩に出かけましょう。

美しい海を臨むということは、裏を返せば海からの敵の侵入を防がなくてはいけないということ。昔、軍事用に使われていた施設や設備のいくつかは、教育のためにそのまま残されている

南区 이기대

海雲台と広安大橋を一望
二妓台
（イ・ギ・デ）

海の向こうに広がるのは、摩天楼のような高層ビル群と美しい橋の姿。海岸ギリギリに作られた散策路は、まるで海の上を歩いているかのような気分になる。

釜山市南区龍湖3洞山1　☎ 051-607-6361
🕐24時間 🈲 無休 🚇地下鉄2号線慶星大・釜慶大駅
3番出口からタクシーで約10分　▶MAP P120.A-9

吊り橋のことを韓国では
「雲の橋」と呼ぶそう

Check!
遊歩道の一部は
足裏ツボ押し用に石が
ボコボコ。靴を脱いで
歩いてみよう

西区　암남공원

1億年前の堆積岩が眼の前に
岩南公園
アムナムゴンウォン

原始林が残るこの公園は、1億年前の堆積岩をそのままの姿で見ることができる場所。新鮮な刺身店が並ぶ松島の先端にあるので、ランチや釣りを目的に訪れる人も多い。赤く層になった堆積岩と原始林が、地球の歴史を感じさせてくれる。

釣り場のすぐそばでは、釣ったばかりの魚を調理してくれる屋台も

釜山市西区岩南洞山 193
☎ 051-240-4538
🕐 24 時間　🈳 無休
🚇 地下鉄 1 号線南浦駅からタクシーで約 10 分
▶ MAP P120.A-12

CHeck!
原始林に囲まれた吊り橋で度胸試し！

一周のんびり歩くと約 1 時間半。時間がない人は園内カートも上手に使おう

影島　태종대공원

晴れていれば対馬まで
太宗台公園
テジョンデゴンウォン

南浦洞から釜山大橋を通って影島へ。釜山っ子たちの初デートの名所と言われている公園だ。潮の満ち引きによって 5 つにも 6 つにも見えるという釜山のシンボル・五六島を眼前に、絶景を楽しめる。

園内カート片道 大人（中高生以上）2000w、子ども 1500w

釜山市影島区
東三 2 洞山 29-1
☎ 051-405-2004
🕐 カートの運行は
9：20 ～ 17：30
🈳 無休　🚇 地下鉄
1 号線南浦駅から
タクシーで約 15 分
🈂 無料、カート乗車別途
▶ MAP P120.A-13

\Tips/

太宗台公園の前後にどうぞ

影島　목장원

海を見ながら焼肉を
牧場園
モクチャンウォン

1 階は座敷、2 階はテーブル席。西側に大きな窓があるので、夕暮れ時がおすすめだ。絶景のみならず、肉質の良さも地元の人々から太鼓判を押されている。

Menu
カルビタン　16000w

釜山市影島区東三洞 628-2
☎ 051-404-5000　🕐 11：30
～ 21：30（平日ランチ 11：30
～ 15：00）　🈳 旧正月、秋夕
🚇 地下鉄1号線南浦駅からタクシーで約15分
▶ MAP P120.A-11

Experience
31

こんな町見たことない！
町ごとアートの甘川文化村。
（カムチョンムナマウル）

📖 通称「釜山のマチュピチュ」を撮影するべし。

カメラ女子必見！右を見ても、左を見ても、かわいいイラストからオブジェまで、町全体がアートに包まれた楽しい街です。斜面を覆いつくすカラフルな家もかわいいし、路地裏の壁に描かれた動物たちもキュート。歩きやすい靴を履いて、隅から隅まで探険してみて！

 甘川　감천문화마을

カムチョンムナマウル
甘川文化村

釜山市沙下区甘川洞 10-13
☎ 070-4219-5556
休 無休　図 地下鉄 1 号線土城駅
6 番出口からタクシーで約 10 分
▶ MAP P120.A-7

START!
Check!
案内所の屋上も
フォトスポット！

 ①
観光案内所

まずはここからスタート。スタンプラリーの台紙と一緒になった地図（2000w）を手に入れて、街を歩き始めよう。

散策マップ

村入口 P
（タクシーは
ここに到着）

🛍 ②
アートショップ

地元アーティストたちの作品が揃うので、お土産選びに最適。カラフルな家を模したカードホルダーなど、キュートなオリジナルグッズを見つけて。

星が見える階段

急こう配の148段の階段を登っていると、そのうちふらふらになり、目の前に星がチカチカしてくる…という意味で命名された、心臓破りの階段。映画「HERO」で木村拓哉と松たか子も息を切らしながらここを登っていた。

④

③

コミュニティセンター

昔、銭湯だったところをスタンプラリーの最終目的地であるコミュニティセンターにしている。番台には居眠りをするおばちゃん像が、そして奥には入浴中のおじいちゃん像が！スタンプラリーを終えた台紙はここでポストカードに換えてもらおう。

⑤

星の王子様像

街を優しく見下ろす星の王子様を写せるフォトスポット。

\Tips/

まるでテーマパークのような街だが、普通に人が暮らす街であることを忘れずに、節度を持った観光を楽しみたい。

⑥

絵本写真
スポット

周囲の風景を入れないようにしてアングルを決めたら、まるで絵本の中にいるかのような写真が撮れるフォトスポット。

空も海も、
海雲台絶景スポット。

📖 海雲台の最新スポットから絶景を眺めるべし。

釜山の絶景を求めて、連日にぎわっている最新スポットといえば海雲台ビーチ。世界一高い位置にあるスタバから、列車に乗って楽しむ海岸風景まで、眺めてよし＆撮ってよしの絶景が続きます。

海雲台 ▶ 부산 엑스 더 스카이

釜山を空から眺めてみよう
BUSAN X the SKY
ブ サン エックス ド スカイ

海雲台ビーチ沿いに 2020 年にオープンした 100 階建て、411.6 メートルのタワー。最上階にある展望台からは南に海、北に山、西に高層ビル群と見たことのないような絶景が楽しめる。99 階には世界一高い場所にあるスターバックスコーヒーが。

釜山市海雲台区中洞 1829 海雲台 LCT C 棟
☎ 051-731-0098
🕙 10:00 ～ 21:00（最終受付 20:30）
休 無休　🚇 地下鉄 2 号線海雲台駅 1 番出口から徒歩 20 分
▶ MAP P121.C-18

窓の外には海雲台ビーチの先に広安大橋が見えるなど、釜山の絶景が広がる。これまで、この角度から釜山を一望することはできなかったので、とても新鮮

夜景が素晴らしいので、夜に上るのもおすすめ

500w で遠くまで見渡せる

99 階には洋食が楽しめる絶景レストランも。ぜひカップルシートを！

※ P76 写真協力 :BUSAN X the SKY

Information

〈料金〉
大人（13 歳以上）	27000w
子ども（3 ～ 12 歳）	24000w

Check!
ハサミやライターなどは展望フロアに持ち込めないので要注意

海雲台 해운대블루라인파크

海岸の絶景をひとりじめ
海雲台ブルーラインパーク
（ヘウンデ）

かつて運行していた廃線ラインを利用して作られた新しい観光スポット。「海岸列車」はその線路をそのまま利用し、海雲台から松亭までの間を全席海向きに作られた観光列車で楽しむコース。「スカイカプセル」は海岸列車の上に新たに作られたモノレールのラインで、1名から4名まで乗れる小さなカプセルに乗って、少し上からの海岸風景を楽しめるもの。行きと帰りでこの2つそれぞれに乗れるセット券もあるので、往復で違った景色を楽しみたい。

釜山市海雲台区中洞 947-1　☎ 051-701-5548
🕐 9:30 〜 19:00　困 無休（天候や点検時など変更あり）
🚇 地下鉄2号線海雲台駅1番出口から徒歩25分　▶ MAP P121 C-15

海岸列車の始発は9時半。海岸列車とスカイカプセル、X the SKYを全部押さえた一枚を撮るために、始発前には韓国版「撮り鉄」の姿も

```
        Information
◎海岸列車
1回券　7000 w　2回券　12000 w
◎スカイカプセル（片道）
 1〜2人用　35000 w　3人用　45000 w
4人用　50000 w
◎セット券（海岸列車＋スカイカプセル）
2人用　59000 w　3人用　78000 w
4人用　94000 w
```

Experience
33

博物館のある町を、のんびりブラブラ。

📖 博物館で両国の歴史を学ぶべし。

歴史好きにおすすめしたいのが、南区エリア。入場無料の国立釜山博物館は、釜山はもちろん有史以来の朝鮮半島の歴史が展示されており、また隣のUN記念公園は朝鮮戦争の記憶を留めています。アカデミックな雰囲気も持つ、大学街エリアをブラブラしてみましょう。

朝鮮通信使のジオラマや軌跡など、わかりやすく展示されている

CℎecK!
音声ガイド（日本語・無料）は第一展示館で貸し出し

大淵　부산박물관 🏠

釜山とアジアの関係を学ぶ国立博物館
釜山博物館
プサンパルムルグァン

釜山はもちろん朝鮮半島全体と、それを取り巻くアジア各国の歴史を紹介した博物館。先史時代からの朝鮮半島の歴史を展示した東莱館と日韓関係や民俗・生活文化を紹介した釜山館の2館に分かれている。釜山館2階では、釜山港から対馬を渡り、小倉城や広島を経由して日光まで行った朝鮮通信使の軌跡を紹介しており、興味深い。

釜山市南区 UN 平和路 63
☎ 051-610-7111
🕘 9:00 ～ 18:00
（土曜、最終水曜～ 21：00）
🈺 月曜（公休日の場合は翌火曜）、元日
🚇 地下鉄 2 号線大淵駅3 番出口から徒歩 10 分
🈹 無料
▶MAP P126.F-2

カフェがあるのは釜山館の1階。パッピンスなどのスイーツや軽食で疲れた足を休めよう

大淵 UN 기념공원

世界唯一の国連墓地
ＵＮ記念公園
ユーエヌキこ゚ョムコンウォン

1950 ～ 53 年に起こった朝鮮戦争
で戦死した 21 か国の兵士たちを
安葬した、世界で唯一の国連墓地。
各国の国旗がたなびき、また祀られ
ている兵士たちの母国や遺族が慰
霊のために植樹したという、世界各
国の木々が植えられている。

釜山市南区平和路 93 ☎ 051-625-0625
🕐 9：00 ～ 17：00（5 ～ 9 月～ 18：00）
🈲 無休 🚇 地下鉄 2 号線大淵駅 3 番出口
から徒歩 15 分 🈯 無料 ▶ MAP P126.F-4

美しい緑の間を歩きながら、
世界平和を祈りたい

大淵 UN 조각공원

芸術の間でひとやすみ
ＵＮ彫刻公園
ユーエヌチョガクコンウォン

朝鮮戦争終戦 50 年を記念して、
参戦した 21 か国の彫刻家によ
る 34 点もの作品が展示されて
いる。アーティストの作品の
前で夕涼みしていたり、おしゃ
べりしていたりと釜山の人々に
とって憩いの場となっている。

釜山市南区平和路 93
☎ 051-625-0625
🕐 9：00 ～ 17：00（5 ～ 9 月～ 18：00）
🈲 無休 🚇 地下鉄 2 号線大淵駅 3 番
出口から徒歩 15 分 🈯 無料
▶ MAP P126.F-3

Experience
34

お寺で心を休めましょう。
あなたは山派？海派？

📖 山と海のパワースポットを、制覇すべし。

釜山市街地からそう遠くない場所に、古刹が2つあります。一つは林間に佇む禅寺の総本山。もう一つは海辺の岩場にそびえる観音信仰の聖地。山深いお寺と、波打ち際のお寺、あなたはどちらに行ってみる？

一柱門

韓国の寺では4本の柱が一直線に並ぶ「一柱門」が特徴的。世俗と聖域を分かつこの門をくぐり、境内に入る

金井　범어사

韓国5大名刹のひとつ
梵魚寺
（ポ）（モ）（サ）

678年創建という韓国でも非常に古い歴史を持つ禅寺の総本山。秀吉によりほとんどが焼き払われ、1614年に再建された。周囲を山に囲まれているため、読経がこだまし、深い木々の合間から差す光が幻想的な景色を造り出す。

釜山市金井区青龍洞546
☎ 051-508-3122
🕐 24時間　休 無休
🚇 地下鉄1号線梵魚寺駅3番出口からタクシーで約5分
▶ MAP P120.A-4

四物

韓国の仏教寺に必ずあるのが、遠くまで教えを伝えるための「法鼓」と「梵鐘」、如意珠をくわえた鯉が龍になる直前の姿を表したとされる「木魚」、叩くことで人の世の悪いものを天上に出すと言われる「雲板」

機張 해동용궁사

韓国でも珍しい海のお寺
海東龍宮寺
ヘドンヨングンサ

釜山の人のほとんどが遠足や修学旅行で訪れたことがあるという、景色の良い寺。観音信仰の聖地とされる一方で、必ず一つだけ願いが叶う寺として参拝者が後を絶たない。1376年に建てられたが、文禄・慶長の役で焼失し、それから300年後に再建された。

釜山市機張郡機張邑侍郎里416-3
☎ 051-722-7744
時 4:30〜20:30
（日の出から日の入りまで）
休 無休　交 地下鉄2号線海雲台駅から
タクシーで約20分　▶MAP P120.A-6

\Tips/

入るとすぐに煩悩と同じ数ある108段の階段を下る。途中黒光りする達磨像があるが、これは「お腹を触ると男の子を授かる」という謂れのため、参拝者が触っていくのだ。下り終わるころには108の煩悩を忘れていることだろう。

黄金の豚

絶好のフォトスポット！

\Tips/

カニで有名な機張市場（→P27）の近くなので、海雲台地域からここを経由してカニを食べにいくのもおすすめコース。

獣面人神像など、面白い像がたくさん！自分の願いを叶えてくれそうな一体を探してみる？

海水観音大仏

参拝客と海の平穏を祈ってくれている観音様。一つの石から作られた仏像としては韓国最大級なのだとか

Experience

35

足をのばして、世界遺産巡りに行きましょうか。

📖 二つの世界遺産を目に焼き付けるべし。

町全体が「屋根のない博物館」と呼ばれる慶州は、新羅の都として栄えた古都。日本の「京都」のような存在で、海外はもちろん国内からも多くの観光客が訪れます。市内にはユネスコ世界文化遺産に登録されている史跡が複数あるという世界的にも稀有な街。千年を超える悠久の時の流れを感じてみましょう。

ChecK!
1995年、
世界遺産に登録

 慶州　불국사

慶州で最も有名な名所
仏国寺
ブルグクサ

6つの国宝を有す、韓国が誇る世界遺産の一つ。統一新羅時代の最高傑作ともいわれる芸術的な建築様式が見どころだ。足早に大雄殿と極楽殿だけを周るスピード観光客も多いが、できれば広い境内をじっくり時間をかけて歩きたい。

慶尚北道慶州市進峴洞　☎ 054-746-9913
🕐 9：00 〜 18：00（11 〜 2 月は〜 17：00）
休 無休　交 新慶州駅からタクシーで約 40 分
料 大人 5000w　▶ MAP P127.I-2

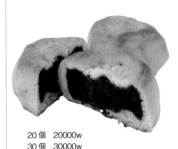

20 個　20000w
30 個　30000w

 慶州　황남빵

慶州を代表する名菓
皇南パン
ファンナン

慶州に来たら、お土産にはぜひこれを。サクサクの薄皮の中には国産小豆 100％の甘さ控えめの餡がぎっしり詰まっている。店頭では出来立ての販売も行っているので、熱々を頬張りたい。

慶尚北道慶州市
皇吾洞 347-1
☎ 054-749-7000
🕐 8：00 〜 22：00
休 無休　交 新慶州駅からタクシーで約 25 分
▶ MAP P127.H-1

\Tips/

慶州 도솔마을

おばあちゃんの家庭料理

ドソルマウル

健康的で野菜たっぷりの素朴な料理がテーブルいっぱいに並び、韓国のおばあちゃん家に来たみたいな雰囲気を味わえる。「瑤石宮1779」(→ P84)が宮中料理代表格としたら、こちらは庶民の台所の代表選手かも。

慶尚北道慶州市皇南洞 71-2
☎ 054-748-9232　時 11:00 ～ 21:00
(15:00 ～ 17:00 準備中) 休 火曜、水曜、旧正月、秋夕　交 新慶州駅からタクシーで約 25 分　▶ MAP P127.H-2

韓定食　13000w

文化財が近くにあるため、韓国の法律でお酒の販売が禁止されている

Check!

1995 年、仏国寺とともに世界遺産に登録

Information

〈拝観料〉
大人　　　　　　5000w
〈シャトルバス〉　1500w

慶州 석굴암

韓国の至宝、石窟寺院

石窟庵
ソックルアム

751 年、当時の宰相が現世の父母のために建てたと言われる仏国寺に対して、前世の両親のために造ったのがこの石窟庵だと言われている。石を削って作った石窟の中に巨大な本尊が据えられ、壁面には数々の仏像彫刻を見ることができる。残念ながら湿気を乾燥させるために、現在は本尊をガラス越しにしか見ることができないのだが、それでも巨大な石を削って作られた姿からは十分に迫力が伝わってくる。

慶尚北道慶州市進峴洞吐含山麓　☎ 054-746-9933
時 9:00 ～ 18:00
休 無休　交 仏国寺の駐車場から 1 時間間隔でシャトルバスあり (仏国寺→石窟庵毎時 40 分／石窟庵→仏国寺 毎時 00 分)
▶ MAP P127.I-1

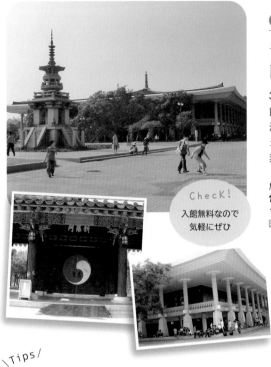

慶州　국립경주박물관

千年の歴史を学ぶ

国立慶州博物館
クンリッキョンジュバンムルガン

3000点近い常設展示がある、必見の博物館。韓国のみならず、中国や日本と関係の深いものも所蔵されているので、言葉がわからなくても面白い。野外展示場の庭園も素晴らしいのでお忘れなく。

ChecK!
入館無料なので
気軽にぜひ

慶尚北道慶州市イルジョン路118
☎ 054-740-7500　時 10:00～18:00（土日祝～19:00　休 3月・11月の第1月曜、元旦、旧正月、秋夕
図 新慶州駅からタクシーで約25分　▶ MAP P127.H-5

\Tips/

慶州　요석궁 1779

慶州で最も有名なお店

瑤石宮 1779
ヨソックグン

新羅時代の姫が住んでいた宮殿跡地にある屋敷は建物自体が歴史的建造物。国内外の大統領なども訪れる宮廷料理の名店だ。一歩入るとタイムスリップしたかのような光景に包まれる。色とりどりの食材をクレープに包んで食べる九節板など、ドラマ「チャングムの誓い」で見たような宮廷料理が並ぶ。
クジョルパン

慶尚北道慶州市校洞59　☎ 054-772-3347
時 11:00～15:30、17:00～21:00
休 旧正月、秋夕　図 新慶州駅からタクシーで約25分　▶ MAP P127.H-4

1人前　69000w～
（注文は2人前～）

日本語が通じるので
予約しておくと安心

84

慶州　교동법주

一日 16 本の限定販売

校洞法酒
キョドンボッブチュ

300 年前から造られている、韓国では珍しい純米の醸造酒。といっても日本酒とはまるで異なり、琥珀色のとろりとした味わいだ。上質な日本酒の古酒とフルーティーな白ワインの両方を感じるような独特の味わいで、国の重要無形文化財に指定されている。
火入れをしていない生酒のため、賞味期限は 15 日。

慶尚北道慶州市校洞 69
☎ 054-772-2051
時 9：30 ～ 18：00　休 無休
図 新慶州駅からタクシーで
約 25 分　▶ MAP P127.H-3

1 本（900ml）
40000w

慶州　임해전

ライトアップが特におすすめ

臨海殿
イムヘジョン

夜の観光におすすめしたいのがこちら。雁鴨池と呼ばれる池の水上に美しい史跡が浮かぶ。遊歩道が整備されているので、夜のお散歩を楽しもう。このほか、瞻星台などもライトアップされるので、ぜひ一泊して光の遺跡巡りも楽しんで。

慶尚北道慶州市仁旺洞 26　☎ 054-772-4041
時 9：00 ～ 22：00
休 無休　図 新慶州駅からタクシーで約25分
▶ MAP P127.H-6

Information

〈入場料〉
大人	3000w
子ども	1000w

Check！
7 世紀に作られた
瞻星台は東洋で
最も古い天文台

Experience
36

春は公園で身体を
動かすのにはいい季節！

📖 釜山市民が集う公園で憩うべし。

2014年にオープンした釜山市民公園は、米軍の駐屯地が生まれ変わった韓国最大級の市民公園。市民はもちろん、アクセスがいいので観光客も多く来園。観光の合間にちょっと身体を動かしたくなったら、ぜひ。

Check!

100万本近い木が植えられており、都心の真ん中とは思えない緑に包まれるオアシススポット。気候の良い春のお散歩にぴったりだ

Check!

敷物を持ってきて、芝生でゴロゴロしたい

西面 부산시민공원

気持ちのいい広大な公園
釜山市民公園
プサンシミンコンウォン

釜山市釜山鎮区凡川洞260-12
☎ 051-850-6011（管理事務所）
🕐 24時間 休 無休
🚇 地下鉄1号線釜田駅7番出口
から徒歩10分
💰 無料 ▶ MAP P.125.E-16

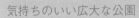

2000本以上もの椿の木で作られた迷路庭園。日本でも一時期、巨大迷路が流行ったので覚えている世代もいるのでは？改めてチャレンジしてみると、大人も子どもも時間を忘れて楽しめる

\Tips/

近くには釜田市場
（→P110）があるの
で、市場でキンパな
どを買ってから持ち
込むのもいいかも。

Check!
園内にカフェなども
あるので、園外に出ずに
水分やスイーツ
補給も可能

長〜いシーソーは
予想外の動きでみんな大興奮

Check!
池の上を歩ける散歩道は、
噴水ショーの時間は
歩けなくなるので注意

井戸風でかわいい
水飲み場

ドームプレーは複雑版
ジャングルジム？

子どもはアスレチック遊具を、
大人は運動器具を楽しもう

エアーバウンス
は子どもたちに
大人気

ダイナミックな大陸の
お花見を体験したい！

📖 **大陸的なお花見を体験するべし。**

ハラハラ舞い散る、儚い桜の花を愛でるのが日本式お花見だとしたら、韓国の桜は空一面を覆い尽くすほどの大迫力が特徴。桜のトンネルが数キロにわたって続いていたり、大きな湖が全て桜の木で縁取られていたり。圧倒的スケールのお花見を楽しませてくれる2大桜エリアをご紹介しましょう。

慶州
外東

東邑
馬山
鎮海
釜山

遺跡と桜のコントラスト
慶州
キョンジュ

新羅王朝の都であった慶州は、町全体が世界遺産となっているエリア（→ P82）。この街には、人口以上の桜の木があると言われ、ダイナミックに咲き誇る桜と、悠久の歴史を刻む遺跡とのコントラストが絶妙だ。桜の開花時期には毎年「慶州桜マラソン」も行われ、国内外から多くの参加者が集う。

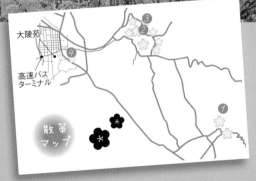

大陸苑
高速バス
ターミナル
散策マップ

図 地下鉄1号線老圃洞駅直結の
釜山綜合バスターミナルから約60分　▶ MAP P127

仏国寺 ①

海外からの観光客に一番人気の世界遺産「仏国寺」も、この時期だけは国内からのお花見客でにぎわう。園内にはオデンなども。屋台も出て、日本とそっくりなお花見風景だ

普門湖 ②

ホテル現代やヒルトンなど特級ホテルが建ち並ぶ普門湖畔には、湖を縁取るようにぎっしりと桜が植えられている。夜のライトアップ、朝の桜散歩…と宿泊した人だけがさまざまな桜の姿を堪能できるはず

幹線道路 ③

慶州の街を走る幹線道路は、延々桜のアーチが続く。タクシーに2周くらいするようお願いしてみる?

大陵苑周辺 ④

駅から徒歩ですぐのこちらは、菜の花と桜の二重奏が楽しめるスポット。皇南パン(→ P82)を片手に、のんびり過ごしたい

韓国国内最大の桜の名所

鎮海
（ジンヘ）

毎年韓国最大の桜の祭りが開催されることでも有名な鎮海（2017年は4月1日〜10日開催）。軍港町であることから、「海軍の施設と桜」という珍しいシチュエーションの写真を撮ることができる地域だ。期間中はあちらこちらで機動隊によるマーチングや軍楽隊の演奏なども楽しめる。

慶尚南道昌原市鎮海区　図 地下鉄2号線沙上駅
近くの釜山西部市外バスターミナルから約70分
▶ MAP P120

1 帝皇山公園からの眺め

街を覆いつくす桜並木が眼下に広がる姿は、圧巻

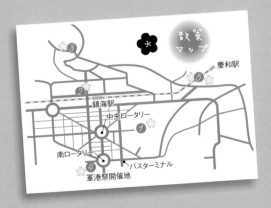

散策マップ

慶和駅

鎮海駅

中央ロータリー

南ロータリー

バスターミナル

軍港祭開催地

長福山公園 ③

山にかかるリボンのように見える白い帯が全て、桜。遠目に見てこの姿なのだから、ここを通ったときの迫力は推して図るべし

桜トンネル ②

韓国ドラマ「ロマンス」のロケ地として有名になった「桜トンネル」。菜の花と桜、そして橋のコントラストが美しい。大人気の撮影スポット

軍港祭開催地 ④

祭り期間中は普段立ち入りが規制されているエリアや軍艦内部なども見ることができる

線路沿い ⑤

線路沿いもご覧の通り。釜山から鎮海を訪れるにはバスが便利だが、車窓を想像すると電車の旅も捨てがたい

Experience

38

夏はキラキラの海を
眺めに行こう。

📖 海雲台では最高のお散歩コースを歩くべし。

夏は潮風が吹く海辺にGO！釜山でビーチといえば、やっぱり海雲台。ビーチで海水浴もいいけれど、海ぎりぎりのキワをお散歩するコースもおすすめです。

CHeck!
天気がいいと
対馬まで見ることが
できるのだとか！

人魚が海に向かって
アンニュイな眼差しを
向けています

海雲台

人魚と灯台を目指して

海岸散歩道

スタートはウエスティン朝鮮ホテルの横にある階段から。海、ビーチ、海雲台の街を一望できるシャッターポイントがたくさんある。階段もゆるやかなので、汗をかかない程度にのんびり散策できる。

釜山市海雲台区佑洞
🕐 24時間 困 無休
🚇 地下鉄2号線
海雲台駅5番出口から
徒歩15分
▶ MAP P121.C-14

しっかり整備されているので安心して歩くことができる。海と緑の景色を楽しもう

Check!
ウェスティン朝鮮ホテルの
前から歩行者専用道路を歩いて
灯台方面へ。途中にある
ヌリマル APEC ハウスは
入場無料なのでぜひ訪れよう。

広安大橋とのコントラストが美しい

海雲台 누리마루 APEC 하우스

国際会議の雰囲気を味わえる

ヌリマルＡＰＥＣハウス
(エイ ペック)

2005 年に釜山で開催された APEC 首脳会議のときに建てられた会議場。当時参加したのは小泉首相、ブッシュ大統領、プーチン大統領、そして盧武鉉大統領などを。実際に首脳会議が行われた部屋などを見ることができる。

釜山市海雲台区中洞冬椿島 ☎ 051-744-3140
營 9:00 ～ 18:00　休 第一月曜　交 地下鉄 2 号
線海雲台駅 5 番出口から徒歩 20 分
▶ MAP P121.C-19

映像の前には日本語、中国語、ロシア語…とそれぞれ書かれた足跡スポットが。その位置に立つと、該当言語で説明が聞こえてくる

1 階にはバナナボートやジェットスキーなど 50 種類以上のマリンアクティビティを楽しめる施設の受付もある

海雲台 더 베이 101

釜山一のホットスポット

The bay 101
(ザ ベイ)

APEC ハウスからウエスティン朝鮮ホテル方面に帰ってきたら、すぐ左手にあるこちらの施設にも立ち寄ってみよう。オーシャンビューでグルメを楽しめるカフェやレストランの他、おしゃれなセレクトショップも。暗くなってからの夜景も格別。

釜山市海雲台区佑 1 洞 747-7　☎ 051-726-8888
營 10:00 ～ 22:00　休 無休　交 地下鉄 2 号線冬柏駅
1 番出口から徒歩10分　▶ MAP P121.C-16

Experience
39

秋はイベントの季節。
釜山は大忙しのシーズン。

📖 **秋の釜山2大祭りをおさえておくべし。**

9月の秋夕（旧盆）を終えると、釜山は大忙しの月に入ります。10月には国内最大級の2大イベントが、釜山で行われるのです。多くの観光客が訪れるこのシーズン、スターに花火に、華やかな雰囲気が街を包みますよ。

Check!

10月の約10日間に、300以上もの映画が上映される。レッドカーペットのスターたちを求めて、日本からも多くのファンが毎年集まってくる

釜山市
海雲台区エリア一帯

あのスターに出逢えるかも!?
釜山国際映画祭

アジア最大級の国際映画祭が、毎年10月に釜山で開催される。この「釜山国際映画祭」が一年を通してこの街最大のイベントといっても過言ではないだろう。国内外からスターたちが集い、世界初披露のワールドプレミアム作品も多数披露される。

映画祭が始まった当初、メイン会場であったBIFF広場（→P36）では、現在も前夜祭等イベントが行われている。近年メイン会場となるのは、センタムシティ（→MAP P121.B）だ

\Tips/

期間中（10月上旬の約10日間）はホテルが取りにくくなったり、交通規制も多くなるので旅の日程に気を付けよう。

1時間に8万発！

釜山世界花火大会

釜山市水営区
**広安里
ビーチエリア
一帯**

広安里海水浴場を会場に開催される、驚く規模の花火大会。ライトアップされた広安大橋の上に、なんと8万発もの花火が打ち上げられる。しかも1時間の間にぎゅーっと凝縮されて。大迫力の花火はレーザーライトや音楽に合わせて一気に上がるので、息をつく暇もないほど。日本の「風流な花火」を想像していくと、そのダイナミックさと音や光の仕掛けの抱負さに驚くだろう。

海雲台のビーチでは俳優たちのトークショーやファンミーティングなども。イベントのあとに海雲台屋台で打ち上げを行うスターたちもいることから、この界隈に張り込むファンも多数。至近距離で触れ合えるチャンス！

福岡からは船の上から見るツアーや、外国人専用席を確保したツアーなどさまざまなプランが旅行会社各社から出る

写真提供： 韓国観光公社
KOREA TOURISM ORGANIZATION

Experience
40

冬は温泉の町で
のんびりしましょうか。

📖 釜山最大の温泉街で身体を温めるべし。

韓国国内の中では比較的温暖な気候の釜山ですが、とはいえ冬はやはり寒いです。日本人なら、寒い日は温泉ですね！韓国人だってもちろん温泉大好きです。朝鮮時代からの古い歴史を持つ東莱温泉は、韓国を代表する温泉地。弱アルカリの泉質は古くは王族たちを癒したのだとか。釜山市街地から地下鉄一本と、アクセスも良好です。

 東莱　허심청

温泉、サウナ、そしてビール！
虚心庁
（ホシンチョン）

この街にたくさんある温泉場のなかで、もっとも観光客が行きやすいのがこちら。駅から出て、街の中心地方向へ歩いていくと、ひときわ大きな建物が見えてくるので迷うこともないだろう。広い館内には数種類のお風呂と、チムジルバン、休憩室などが。お風呂上りには出来立てのビールが最高！（→ P47）

釜山市東莱区温泉洞 137-7　☎ 051-550-2200
🕐 5:00 ～ 22:00（入場～ 23:30）　🈺 無休
🚇 地下鉄 1 号線温泉場駅 1 番出口から徒歩 7 分
▶ MAP P126.G-2

Menu		
平　日	大人	15000w
	学生	11000w
	小学生まで	7000w
土日祝	大人	18000w

そばに貸し出し自由の
本棚があるのも面白い

 東萊 족탕

無料なのが嬉しい
足湯
チョクタン

気軽に温泉気分を味わいたい人は、無料
の足湯だけ試してみては？虚心庁からホ
テル農心沿いにぐるりと歩くと、すぐに
見つかる。おしゃべりをしたり、本を読
んでいたり、とみんな想い想いに足湯を
楽しんでいる。

釜山市東萊区温泉洞135-5
🕐 10：00 ～ 17：00　休 天候不良時は休み
交 地下鉄1号線温泉場駅1番出口から徒歩10分
▶ MAP P126.G-4

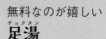

足湯に入る前に、手前の水風呂で足を洗うのがルール

 東萊 동래별장

日本人の別荘が高級韓定食屋に
東萊別荘
トンネビョルチャン

日本が統治していた1940年代に日本
人によって建てられたお屋敷が、韓定
食のお店として今も現役で活躍中だ。
広い敷地内に配置された日本庭園や
伝統家屋は、日本でももう見られない
ほどの豪華さ。入るのを躊躇しそうな
ほど高級感たっぷりだが、意外にも平
日ランチは15000wからいただける。
食事のあとは敷地内をお散歩したい。

釜山市東萊区温泉洞126-1
☎ 051-552-0157
🕐 12：00 ～ 15：00、18：00 ～ 21：00
休 月曜、火曜、水曜、旧正月、秋夕
交 地下鉄1号線温泉場駅
1番出口から徒歩15分　▶ MAP P126.G-1

Menu	
平日ランチ	15000w
ランチコース	30000w ～
ディナーコース	55000w ～

タクシーで約5分、ご近所には東萊ハルメバジョン（→ P28）があります。

40・冬は温泉の町でのんびりしましょうか。　97

Experience
41

狙え、ビギナーズラック！
カジノ遊び方ガイド。

📖 せっかくだからカジノ体験もしてみるべし。

日本になくて外国にあるもの、それはカジノ。「ドレスアップするの？」とか「怖いところなんじゃないの？」と不安な人もいるかもしれませんが、釜山のカジノは気軽に行けるカジュアルな雰囲気。初カジノ体験を釜山でしてみませんか。
（満19歳未満入場不可）

GUIDE 1

服装＆持ち物

帽子、サングラス、ビーチサンダル、男性の半ズボンが禁止という以外は、ジーンズでもなんでもOK。特に釜山ではドレスアップしている人はほとんど見かけない。ただ一点、パスポートだけは忘れずに持って行こう（コピー不可・原本）。カメラやコート、大きな荷物はフロントに預ける

GUIDE 2

言葉

釜山にある二つのカジノはほとんど日本語が通じる。フロントには日本語の遊び方ガイドもあるので、まず読んでからゲームに参加してみよう

GUIDE 3

ドリンク＆フード

入場者はジュースなどのドリンク無料！テーブルゲームに参加する人はビビンバなどのフードも無料だ

お金

大金が必要なのでは…と心配になる人もいるだろうが、スロットだとなんと500wから楽しめる。コリアンドリームを夢見るのもいいけど、気分だけ楽しむなら予算は控えめが吉

GUIDE 4

ルーレットなどテーブルゲームに参加するときは現金をゲームチップに替えておく必要があるが、テーブルで日本円をそのまま出すと、そのまま同額のチップに替えてくれるのでわざわざ両替しなくてもいい

遊び方いろいろ

初級編

スロットマシーン

一番わかりやすいゲーム。ウォンであれば紙幣でも硬貨でもそのまま使える。多めにお金を入れておくと連続して何度もプレーすることができ、終わりたいときには CASH OUT のボタンを押すと、残金が戻ってくる

ビッグホイール

ディーラーが回す大きなホイールが止まる数字を当てるだけの単純なゲーム

中級編

タイサイ

3つのさいころの目の合計を当てる中国式ゲーム。3つの合計が 11 より上なら「大」、10 より下なら「小」を選ぶという二者択一なので簡単だ

ルーレット

ホイールのどこに玉が入るかを当てるおなじみのゲーム。賭け方と倍率は少々複雑だが、覚えてしまうと簡単。初心者はまずは「赤or黒」「奇数or偶数」くらいから始めてみては？

\Tips/

各テーブルに置かれているテーブルレートには、最低レートと最高レートが書かれている。たとえばこちらなら、5000w～2000000w の間で賭けることが可能、という意味。なかには最低レートが30万、なんてテーブルもあるのでまずはこれをチェックしてから席に着こう。

Table Rate

TAI SAI
MIN   5,000
MAX 2,000,000

海雲台 파라다이스카지노

パラダイスホテルに併設

パラダイスカジノ

ビーチ沿いという立地もあり、特にカジュアルな雰囲気のカジノ。2017 年にホテル本館から新館に移転し、リニューアルした。

釜山市海雲台区中洞 1408-5
☎ 051-742-2110 圏 24 時間
休 無休 交 地下鉄2号線海雲台駅3番出口から徒歩10分 ▶MAP P121.C-9

西面 세븐럭카지노

ロッテホテルに併設

セブンラックカジノ

ショッピングの合間に立ち寄れるくらい、立地がよく気軽な雰囲気を持つ。入口では韓服を着て記念写真を撮ることができるスペースも。

釜山市釜山鎮区釜田洞 503-15
☎ 051-665-6000 圏 24 時間
休 無休 交 地下鉄1、2号線西面駅直結
▶MAP P124.E-4

スーパー、農協、免税店…
お土産はどこで買う？

📖 目的に合わせてお土産スポットを変えるべし。

釜山はお土産を買う場所に困らない街です。なぜならアクセスがいい場所に、免税店もスーパーも農協もそろっているから。女子たちが大好きなプレミアムスーパーも登場し、ますますお土産探しが楽しい街になりました。

`海雲台` 이마트 👜

安く＆大量にばらまき土産を買おう

Eマート

韓国全土に展開し、釜山にも数店あるがどちらも車で行くことを想定して、ちょっと郊外にあることが多い。そんななか、海雲台店は駅からすぐなので旅行者にはとっても便利だ。

釜山市海雲台区中1洞1767　☎ 051-608-1234
🕐10:00〜23:00　🈺第2・4日曜　🚇地下鉄
2号線中洞駅7番出口目の前　▶MAP P121.C-5

袋麺やカップ麺なども
ばらまき土産に最適

大量に買うときはカートをどうぞ。利用には100w必要だが、返す時に戻ってくる

「スターアベニュー」や
「スターフォトゾーン」
は韓流ファン必見の
フォトスポット。旬のス
ターたちと一緒にパチリ

韓国コスメはもちろん、日本未上陸の
アメリカコスメ「benefit」なども

`西面` 롯데면세점

ブランド品から食料品、コスメまで

ロッテ免税店
（ミョンセジョム）

西面駅直結と抜群の立地を誇る免税店はこちら。ブランド品はもちろん、韓国コスメや海苔、高麗人参製品まで一気に揃う。2フロアに分かれており、充実の品ぞろえだ。

釜山市釜山鎮区釜田2洞503-15ロッテ百貨店7F
☎ 1688-3000　🕐9:30〜18:30　🈺無休
🚇地下鉄1、2号線西面駅直結　▶MAP P124.E-3

地元価格でローカルなものを買いたい！
農協農産物百貨店
ノンヒョップノンサンムルベックァジョン

地元の人も多い農協は、食料品の品ぞろえはピカイチ。加えて、地元価格なので安心して鮮度の高いものを買うことができる。日本語を話せる人も多いので、相談しながら買えるのも嬉しい。

釜山市中区南浦洞6街2番地　☎ 051-250-7700
🕐 10：00 ～ 22：00　休 第2、4日曜　図 地下鉄1号線チャガルチ駅10番出口目の前　▶ MAP P122.D-20

西面エリアの人には、釜田駅1番出口目の前の「農協ハナロマート」が便利

日本同様、韓国でも大人気！
DAISO
ダイソ

日本とは全く品ぞろえが異なり、お土産探しにも人気がある韓国のダイソー。3000 ～ 5000 wのものもあるので、値札を確認しよう。小さい焼酎グラスやハングルが書かれた文具などが特に人気！

■釜山海雲台店
釜山市海雲台区佑洞618-7　☎ 051-747-6037
🕐 9：30 ～ 22：30　休 無休　図 地下鉄2号線海雲台駅3番出口から徒歩2分　▶ MAP P121.C-20

西面や南浦洞など、釜山に多数店舗あり

\Tips/

文房具のお土産、喜ばれますよ
ART BOX
アトゥ バクス

ハングルが書かれたノートやレターセットなど、世代を問わず喜ばれるのが文房具のお土産。釜山市内に数店舗展開するこの店は、品ぞろえが豊富でセンスがいい。

釜山市中区南浦洞5街24-1　☎ 051-244-7008
🕐 11：00 ～ 22：30　休 無休　図 地下鉄1号線チャガルチ駅7番出口から徒歩3分
▶ MAP P122.D-19

おしゃれなお土産はこちらで
KIM'S CLUB
キムス クルロム

こちらは今まで、旅行者にとってアクセスしにくい場所に展開していた人気プレミアムスーパー。西面のNC百貨店内に数年前に新店舗がオープンし、既に日本人旅行者に大ヒット中。

釜山市釜山鎮区田浦洞 668-1NC 百貨店 1F
☎ 051-794-7000　🕐 10：30 ～ 21：00　休 旧正月、秋夕　図 地下鉄1、2号線西面駅6番出口から徒歩5分
▶ MAP P125.E-20

Experience 43

プチプラ土産、
買ったものリスト。

📖 喜ばれるお土産を、賢く選ぶべし。

女子友にはおしゃれなお菓子を、親世代にはお茶を、お酒好きの人にはおつまみを…気軽に買えて、誰にあげても喜ばれるプチプラ土産が、韓国にはたくさんあります。コンビニ、スーパー、空港など、旅のすきま時間で探してみましょう。パッケージに書かれたハングル文字が、異国情緒を盛り上げてくれますよ。

韓国土産の定番といえば、靴下！1足500〜1000wと激安なのに、生地がしっかりとしていて履き心地がいい。面白デザインが豊富なので、気心知れた人に笑える柄を探そう

意外にもヘーゼルナッツなどのフレーバーコーヒーが豊富な韓国。豆やティーバックなど、コーヒーの形態もさまざま

海苔や海苔系スナックはもはや定番。オリーブオイル風味など変わり種を見つけてみる？

カップ麺は辛いものと辛くないものを混ぜて買っておくと、ばらまくときにジャンケンなどで盛り上がります

言わずと知れた、不動の人気お菓子「Market O」。ブラウニーはもはや定番、最近人気急上昇中なのはチーズクラッカーだとか

韓国人が昔から大好きなゴマクッキー「高笑美」。懐かしい、優しい味わい

同じお茶文化を持つ国なので、コーン茶や黒豆茶などは日本人の口に合う

韓国女子の美肌の理由と言われているのが「オミジャ茶」。「五味子茶」と表記する通り、5つの味があると言われ、その感じ方で体調までわかるのだとか。美容意識が高い人へのお土産は少々重いけど、これで決まり

カワハギの干物やサキイカなども海の街らしいお土産

スーツケースに余裕があったら、スーパーでいろんなお菓子を買って帰ろう。意外と辛いチップスや日本のお菓子にそっくりなものなど、友達と盛りあがること間違いなし！

老若男女、みんな大好き「おこげ飴」。優しいお米の味わいは日本人もきっと好きなはず！

雨の日は、百貨店に入りびたりもいいかも。

📖 一日遊べる百貨店を攻略すべし。

釜山の百貨店エリアは大きく分けて３つ。センタムシティの新世界＆ロッテと、西面のロッテ、そして南浦洞のロッテ光復店です。デパ地下グルメからウインドウショッピングまで、存分に遊び倒しましょう。

魚の陳列方法が
スタイリッシュ

超キュートな
スイーツ発見！

Check!

軽食スペースもあるので
ショッピングの合間に
小腹を満たそう

韓国伝統のパッチワーク
「ポシャギ」でデザイン
された寝具がかわいい

日本人と足のサイズ・
形が似ているので、
靴は狙い目

海雲台　신세계 센텀시티

ギネス公認の世界最大ショッピングセンター

新世界百貨店 センタムシティ店
シンセゲペッカジョン

雨の日はここだけで一日十分に過ごせる。広いことはもちろん、内容の充実度もギネス級。免税店や映画館はもちろん、一年中オープンしている「アイスリンク」「ゴルフレンジ」「キッザニア」など、ショッピング以外の施設も多い。別ページで紹介したスパランド（→ P62）もここに併設している。

釜山市海雲台区
センタム南大路 35
☎ 1588-1234
🕐 10:30 〜 20:00
（金土日〜 20:30）
🚫 第３月曜
🚇 地下鉄２号線センタム
シティ駅直結
▶ MAP P121.B-1

隣はロッテ
センタムシティ店

無料の噴水ショーは必見

ロッテ百貨店 光復店

南浦駅直結の便利さから、最近は西面店よりもこちらを利用する日本人が増えてきているのだとか。アクアモールの吹き抜けでは、毎時豪快な噴水ショーが行われている。

釜山市中区中央大路2　☎ 051-678-2500
⏰ 10：30 〜 20：00 フードコート〜21：00（金土日〜20:30）🈺 第3月曜　🚇 地下鉄1号線南浦駅直結
▶MAP P123.D-27

噴水ショーは毎日11：00
〜 20：00 の正時（00分）
から約15分程度

定番の海苔やキムチのお土産を考えている人は、安心のロッテ本店地下でどうぞ

免税店やカジノも併設

ロッテ百貨店 釜山本店

百貨店のみならずホテル、免税店、カジノが全て集まり西面のシンボル的存在になっている。釜山に来たらまずここへ、という日本人は多い。

釜山市釜山鎮区伽耶大路772
☎ 051-810-2500　⏰ 10：30 〜 20：00 （金土日〜 20:30）🈺 第3月曜
🚇 地下鉄1、2号線西面駅直結
▶MAP P124.E-2

CHeck!

キムチはラップで
ぐるぐる巻きにしてくれるので、
日本まで持ち帰るのも安心

Experience
45

いろんなところで**テイクアウトグルメ**を食べよう！

📖 好きなところで好きなものを食べるべし。

お天気がいい日には公園やデパートの屋上で、デパ地下グルメを。パジャマに着替えた後は、ビール片手にホテルで3次会を。そんなときに役立つのがテイクアウトグルメです。

（海雲台） 옵스

パンも焼菓子も生菓子も

OPS

釜山っ子に大人気のベーカリーショップ。パンはもちろん、焼き菓子や生菓子も売っているので、気軽にスイーツパーティーができる。カレーパンのような形状の「キムチパン」など、釜山ならではのパンも人気。

■海雲台店
釜山市海雲台区中1洞 1394-82
☎ 051-747-6886　🕐 8：00 〜 22：00
🈺 旧正月、秋夕　🚇 地下鉄2号線海雲台駅1番
出口から徒歩5分　▶MAP P121.C-2
※その他、市内にいくつか店舗あり

何を買う??

何を買う??

（海雲台） 고래사 어묵

お土産にもおすすめ
古来思オムク
（コ　レ　サ）

韓国でオデン、といえば魚のすり身のこと。こちらの専門店には日本でいうかまぼこやさつま揚げのような商品が数十種類並んでおり、イートインもテイクアウトも可能だ。ビルに立てかかる巨大オデンが目印。

釜山市海雲台区佑洞 541-1
☎ 1577-9820
🕐 10：00 〜 22：00
🈺 旧正月、秋夕
🚇 地下鉄2号線海雲台駅5番
出口から徒歩3分
※ロッテ百貨店光復店内にも
店舗あり　▶MAP P121.C-6

┌─── Menu ───┐
│ 各種オデン　1000w〜 │
└────────────┘

伝統の餅菓子は一つ食べると
満腹に（ロッテ西面）

何を買う??

デパ地下グルメ

デパ地下は、テイクアウト
グルメの聖地！一つずつ
買ってシェアできるのもテ
イクアウトのいいところ。

電球型容器に入れてく
れるジュース。よくわ
からないけど、かわい
い！（新世界）

なんと片手でつまめるカップ入
りのステーキランチ。これぞテ
イクアウトグルメの王者（ロッ
テ光復店）

どこで食べる??

デパート屋上

新世界センタムシティやロッテ光
復店の屋上は驚くほど広く、開放さ
れている。天気のいい日はここで
ランチを食べている親子連れやO
Lたちの姿も。景色がいいので、展
望のために訪れるのもいい。

ロッテ百貨店光復店 （→P105）
釜山タワーや港を展望したり、恋人
たちが愛に錠をかけるスポットが
あったり、とにかく広い

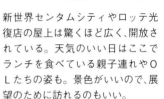

新世界百貨店
センタムシティ店 （→P104）
ZOORAJIと銘打って、恐竜のオブ
ジェが屋上を彩っている。夏の暑
い日には、夕涼みに訪れる人も

46

国際市場でトレジャーハンティング！

📖 釜山最大の市場で掘り出し物を探し出すべし。

南浦洞やチャガルチからも歩いて行ける釜山最大のマーケット。もともとは朝鮮戦争後の韓国独立時、闇市的に始まったものだとか。今ではメガネやカバン、食器類などに加えて寝具や伝統工芸品などありとあらゆるものが揃います。古くてごちゃごちゃした印象の国際市場ですが、実はお宝ザクザクの掘り出し物スポットなんですよ！

南浦洞　国제시장 👜

衣類、雑貨から食器、工具まで

国際市場
クッチェシジャン

確かに小さく似たようなお店が連なっているので、ブラブラ歩いてもなかなかお目当てのものには出会えないが、一店一店しっかり吟味すると面白い掘り出し物が見つかる市場だ。どの店も交渉できることが多いので、頑張って値切ってみて。

釜山市中区新昌洞4街あたり
☎ 051-242-8253（昌善観光案内所）
🕐 9：30 ～ 20：00（店による）　困 旧正月、秋夕（店による）
🚇 地下鉄1号線チャガルチ駅7番出口から徒歩5分
▶ MAP P122.D-8

サムギョプサル用鉄板

中央に向かって傾斜がある鉄板。豚を焼くときに出る脂が中央に吸い込まれ、筒から外に出る仕組み。出口に紙コップを置いておけば、きれいに脂を回収でき、カリカリのデジカルビを楽しめる

石焼ビビンバ用土鍋セット

直火OKの一人土鍋。石焼ビビンバでおこげをつくってもいいし、鍋焼きうどんを作るのにもいい。1セット5000wとお手軽

アーティスティックな傘

ビニール傘全盛だけど、たまにはこんな自己主張たっぷりの傘を広げてみては？雨の日が楽しくなりそう

花柄の蓋つき土鍋

石焼ビビンバをかなりラブリーに彩る蓋つき土鍋。かわいいけど、蓋がついただけで15000w(3倍！)になるという価格をどう判断するかは、あなた次第

キムチ用密閉容器

冷蔵庫で匂いをシャットアウトしてくれる優れもの。キムチと一緒にお土産にすると喜ばれるはず

竹の抱き枕

暑い夏には、風通しのよいこれを抱いて寝ると快適！名前は「竹夫人」…ちょっと生々しい？

スプーン&箸セット

夫婦箸ならぬ、夫婦スプーン。長いので、鍋などをつつくときに便利

麻の寝具

さらりとした肌ざわりが気持ちいい、麻のタオルケットや枕。熱がこもらないので、韓国の人は夏にはこれらを使うという

螺鈿グッズ

韓国の伝統工芸、螺鈿を使った小物入れや小さなテーブルなどはため息が出るほど美しい

いろんな市場に行ってみよう！

📖 庶民の生活を知るには市場に行くべし。

おばちゃんが晩御飯の買い出しをするのも、学生がおやつをつまむのも、仕事帰りのサラリーマンが街角で一杯飲むのも、韓国では市場が主流。釜山は大都会ですが、市場が各エリアに必ずあり、街の人たちにとって大切な場所となっています。

海の街らしく、タコや貝類など海鮮が充実

キンパやオデンで小腹を満たす人たちも

似たような風景が続くので迷子にならないよう注意

西面 부전시장 🛍️

最大規模の庶民の食市場

釜田市場
プジョンシジャン

迷子になってしまいそうなくらい大きい、食の市場。海草や貝類、魚などの海鮮問屋から、野菜、フルーツ、唐辛子、豆類…とないものはない、と言えるくらい。広いうえに似たような通りが続くので GPS を片手に迷路のような市場巡りを楽しもう。

釜山市釜山鎮区
釜田洞 573
☎ 051-818-1091
🕐 6：30 ～ 19：00（店による）
🈯 店による
🚇 地下鉄 1 号線釜田駅 1 番
出口から徒歩 1 分
▶ MAP P125.E-17

CHeck!

西面から行く場合は地下街で釜田駅までつながっている。この釜田ショッピングモールを通過して行こう

ビーチ直近の台所
海雲台市場
（ヘウンデシジャン）

海雲台ビーチからすぐという立地もあり、比較的観光客にも優しい市場。海鮮を食べられる食事処も多く、通り一本なのでこちらは迷うこともなく安心してブラブラできる。つまみ食いエリアや海鮮食堂に交じって、かわいい雑貨店や衣料品店も。お土産探しにもおすすめ。

釜山市海雲台区
中 1 洞 1394-193
☎ 051-746-3001
🕐 7:00 ～ 21:00（店による）
🈲 店による
🚇 地下鉄 2 号線海雲台駅
3 番出口から徒歩 5 分
▶ MAP P.121.C-11

なぜか靴下は韓国土産の定番。安くて生地がしっかりとしている

CHeCK!
ホヤ貝を
売る店多し！

湯気があがる饅頭も美味しそう

CHeCK!
夜になると
この活気！

とにかく美味しいものでいっぱいの市場だ

釜山最大の夜市開催！
冨平市場
（ブピョンシジャン）

昼もにぎわう市場だが、この市場の特徴は夜市が開催されていること。夜になると通りにずらりと屋台が登場し、美味しい香りが充満する。お酒を出す店も多く、一帯はにぎやかな雰囲気に。アーケードがあるので雨の日でも安心だ。

釜山市中区冨平洞 2 街　☎ 051-243-1128
🕐 8:00 ～ 20:00（夜市　18:00 ～ 24:00）
🈲 無休　🚇 地下鉄 1 号線チャガルチ駅
7 番出口から徒歩10分　▶ MAP P.122.D-4

「アジョシ！」「アジュンマ！」
勇気を出して呼びかけて。

📖 食堂やタクシーで使える言葉を覚えていくべし。

旅は、現地の言葉を少しだけ知っていることでぐんと面白さが増すもの。「ありがとう」「おはよう」という簡単な挨拶から、ちょっと高度なお願いごとまで、できる範囲で韓国語を覚えて行ってみましょう。通じると嬉しいですよ。

基本のキ

まずはこれだけ覚えていこう。ホテルでも空港でも食堂でも、この二つだけはちゃんと言いたいもの。

おはよう＆こんにちは＆こんばんは

どの時間帯でもOK！

アンニョンハセヨ
안녕하세요

ありがとうございます。

カムサハムニダ
감사합니다

親切を受けたら言ってみよう

食堂で…

一番言葉を使う場面が多いのは、やっぱり食べるとき。注文からお会計までスマートに。

すみませ〜ん

ヨギョ〜
여기요

手をあげて呼ぶとき

ヨギョ〜

応用編

アジュンマ〜	アジョシ〜
아줌마	아저씨
おばさんを呼ぶ時	おじさんを呼ぶ時

若い人が相手だと失礼かな？と思いがちですが、食堂等でこの呼びかけは一般的。勇気を出して呼んでみて。

タクシーで…

ここへ行ってください。

ヨギロ カジュセヨ
여기로 가 주세요

応用編

| 岩南公園へ 行ってください。 (→ P73) | アムナムゴンウォン ウロ ガジュセヨ |

ヨギ=ここ、(ウ) ロ=〜へ、
カジュセヨ=行ってください

いくらですか？

オルマエヨ？
얼마예요？

これをください

イゴ ジュセヨ
이거 주세요

イゴ=これ、ジュセヨ=ください

美味しいです！

マシッソヨ！
맛있어요！

応用編

水をください 水=ムル	**ムル ジュセヨ** 물주세요
ビールをください ビール=メクチュ	**メクチュ ジュセヨ** 맥쭈주세요
一つください 1つ=ハナ	**ハナ ジュセヨ** 하나주세요

お会計お願いします。

ケイサネ ジュセヨ
계산해 주세요

ケイサ=計算

お手洗いはどこですか？

ファジャンシルン オディエヨ
화장시른 어디에요

ファジャンシルン=トイレ

「トイレ」は
通じないので注意！

さようなら

アンニョンヒカセヨ
안녕히 가세요

←お店の人
あなた→

アンニョンヒケセヨ
안녕히 계세요

韓国では見送る
人と出ていく人で
「さようなら」の
挨拶が異なる。

Experience *49*

地下鉄を乗りこなしたら
かっこいいかも。

📖 どこへ行くにも地下鉄を乗りこなすべし。

釜山の地下鉄は、ハングルが読めなくても各駅に番号が割り振られているので、わかりやすいのが特徴。観光客がよく使うのは南浦洞から梵魚寺方面までを南北につなぐ1号線と、空港から海雲台までを東西につなぐ2号線。その二つが交わるところが、釜山最大の街・西面です。

 地下鉄路線図一覧

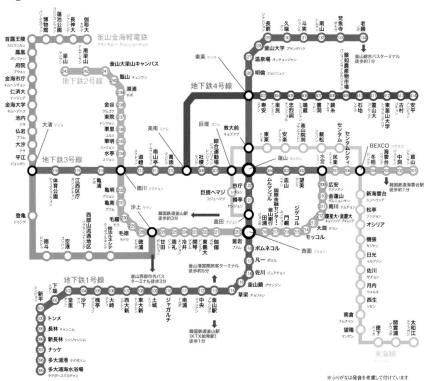

※ふりがなは発音を考慮して付けています

1 チケットを買う

タッチパネル式の券売機でチケットを買おう。ピンクで囲まれたエリア内は1区間（交通カード／1300w、紙チケット1400w）、それ以外は2区間（同1500w／1600w）。往復か片道かを選んだら、一人分の料金が表示されるので、右側の黄色い部分にお金を入れる。主要駅の券売機は日本語に対応しているものも多い。

地上の地下鉄の表示は番号に加えて、ハングル、英語、漢字で表記しているので見つけやすいはずだ

2 交通カードを利用する

交通カードを利用する人は左側の機械で。これも日本語に対応しているので、カードの補充か購買かを選んで。地下鉄に何度も乗る場合はカードを使うほうが便利。

\Tips/

ホームでよく見かけるカップ式コーヒー自動販売機。なんと1杯驚きの400w〜！

3 改札を通る

改札ではチケットは銀色の口の部分に差し込み、カードは青い枠部分にタッチする。

Check!

車内では電光掲示板で次の駅が表示される。これは1号線の草梁駅だが、読み方がわからなくても数字（114）が書かれているので安心して

Experience
50

クイーンビートルで
釜山入りが、素敵！

📖 港と船を、上手に活用すべし。

釜山駅からペデストリアンデッキでつながった釜山港国際旅客ターミナル。美しいターミナルからは、釜山の海と真っ赤に映えるクイーンビートルの姿を眺めることができます。行き帰りの移動すら「旅の思い出」になるクイーンビートルの船内とともに、ご案内しましょう。　▶ MAP P120

釜山駅

釜山駅内にはテイクアウトグルメも多いので、着いてすぐ、または帰る直前にいろいろ買いこむにも便利

釜山駅には 52P で紹介した大人気シャンパンマッコリ「福順都家」のショップも

釜山駅と釜山港国際旅客ターミナルは気持ちのいいペデストリアンデッキでつながっている

徒歩
約5分

釜山港国際旅客ターミナル

2F 入国フロア

3F 出国フロア

🚢

入国ゲートを出るとすぐ目の前にある銀行。両替はここですませておくと便利

GATE3から出ると、タクシー乗り場がある

コンビニで最後の小銭を使い切るのが旅の上級者！

各船会社のチェックインカウンターがあるフロア。広々しているので最後のパッキングもできる

クイーンビートルってどんな船？

博多と釜山を3時間40分で繋ぐクイーンビートルは、運航中シートベルトなしで自由に動き回れるのが最大の特徴。コーヒーやビールとともに窓外の景色を楽しみながら海外に行けるなんて！予想以上に快適な「船で海外へ」を一度体験すると、もう船しか考えられなくなるかも。

座席を離れ、ラウンジで会話を楽しんだり、デッキに出て海風にあたったり。シートベルト着用不要なので、航行中を自由に楽しめる

なんと自転車も輪行可能。釜山の町をマイ自転車でサイクリングしよう

船内には免税店のほか、本格スナックを楽しめるキオスクも

大きな荷物は専用ロッカーがあるので安心

キッズスペースや授乳室もあるので、お子さん連れも安心

Check!
揺れそうな日は酔い止めを用意しよう

\Tips/

ビジネスクラス（＋5000円）を選ぶと、さらに広いシートやドリンク・スイーツボックスのプレゼントなど特典多数。優先下船もあるので、いち早く釜山に入国しよう

展望デッキが素敵

スタンダード

3階展望デッキからは、青い空と青い海、爽やかな水しぶきを写真に撮ることができる絶景エリア

ビジネス

ビジネスクラスは釜山港到着前に船首のデッキ部分を開放（海上の天候による）

釜山大橋などをバックに最高の写真を撮ることができると、外国人旅行客にも大人気！

Experience
51

帰る直前、ギリギリまで金海空港を堪能する。

📖 空港を隅から隅まで活用すべし。

仁川国際空港に比べるととっても小さい釜山の玄関口、金海国際空港。小さいということは、逆に言うとコンパクトにまとまっているので、最後に買い忘れたものや食べ忘れたものを探しやすいメリットも。飛行機に乗り込むギリギリまで、思う存分楽しんじゃいましょう。(広域 MAP → P120)

✈ Departure

出国ゲート前

出国ロビー **2F**

人気のブーランジェリー「TOUS les JOURS」には国民的人気飲料「バナナ牛乳」(→ P32) も売っているが、国際線のゲート前なので機内持ち込みは不可。ゲートに入る前に飲む場合のみ、買ってOK。ゲート入場後のコンビニにも売っているので、機内に持って入りたい場合はここではなくそちらで買おう

出国ゲートに向かって右側には、土産物店や、パン屋、本屋など。両替もお忘れなく

出国ロビー **3F**

このエリアにはフードコートやカフェなどが多い。早めに空港に到着したら、珈琲を飲んだり、最後にビビンバを食べたりしよう

なんと大人気スイーツ店「雪氷」
（→ P69）は出国ゲートの前と後
に1店ずつ！

出国ゲート前
（出国ロビー3階）

出国ゲートに向かって左手一番奥に、広
いスペースを確保している。チェック
イン手続きが終わり、荷物も手放した
らのんびりここで過ごすのもおすすめ。

出国ゲート後
（搭乗口8〜10あたり）

デリカフェと同じスペースに展開。本
当に飛行機に乗り込む最後の最後、ギ
リギリまでいることができるエリアな
ので、ラストパッピンスを楽しんで！

どうしても使い切れなかった少額貨幣は、
ドネーションボックスに寄付するのも一手

✈ Departure

出国ゲート後

ネイルを整えてから帰
国するのも、いいかも

おなじみの免税店が数店並ぶので、
買い忘れた化粧品や高麗人参などは
こちらで。そのほか、ドーナツショッ
プや人気カフェなどもあるので、乗
り込む前にスイーツ補給はばっち
り！

重宝するのは、搭乗
口前にあるセブンイレ
ブン！余った小銭はこ
こで全部使い切るの
もいい。おなじみの
ヤクルト風ゼリーや
お菓子をお土産にい
かが？機内食が出な
い便に乗る人は、サ
ンドイッチやお弁当を
買ってもいいかも

✈ Arrival

到着ゲート

到着するとすぐ銀行
とコンビニ、そして
クリスピークリーム
ドーナツが。両替し
て、お水を買って、
ドーナツを手に入れ
てからシャトルバス
乗り場に向かう…な
んていかが？

🚌 バスで移動する時は…

バス乗り場は到着ターミナルを
抜けるとすぐ目の前。1番乗り
場は郊外へのバス、西面や海雲
台など釜山市内に行くリムジン
バスは2番乗り場から。3番
乗り場は釜山市内へ行く一般バ
ス。5番乗り場は国内線と国際
線をつなぐシャトルバス。

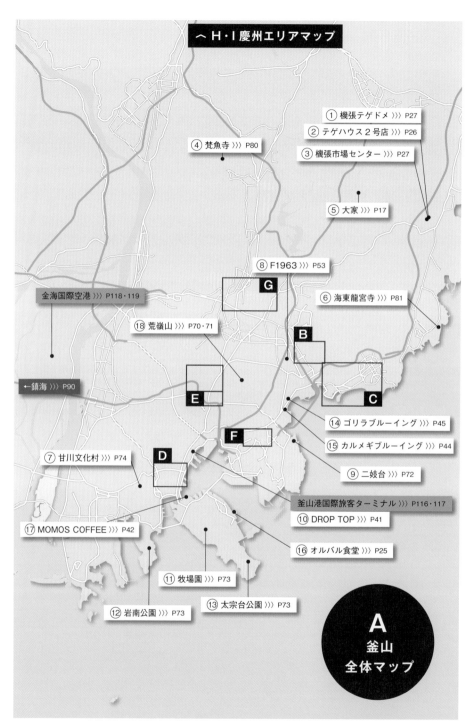

へ H・I 慶州エリアマップ

① 機張テゲドメ 》》 P27
② テゲハウス2号店 》》 P26
③ 機張市場センター 》》 P27

④ 梵魚寺 》》 P80

⑤ 大家 》》 P17

⑧ F1963 》》 P53

金海国際空港 》》 P118・119

⑥ 海東龍宮寺 》》 P81

G

⑱ 荒嶺山 》》 P70・71

B

←鎮海 》》 P90

E

C

⑭ ゴリラブルーイング 》》 P45

⑮ カルメギブルーイング 》》 P44

F

⑨ 二妓台 》》 P72

⑦ 甘川文化村 》》 P74

D

釜山港国際旅客ターミナル 》》 P116・117

⑩ DROP TOP 》》 P41

⑰ MOMOS COFFEE 》》 P42

⑯ オルバル食堂 》》 P25

⑪ 牧場園 》》 P73

⑫ 岩南公園 》》 P73

⑬ 太宗台公園 》》 P73

A
釜山
全体マップ

※ 駅の出口を黒字で❶❷❸…と表しています

120

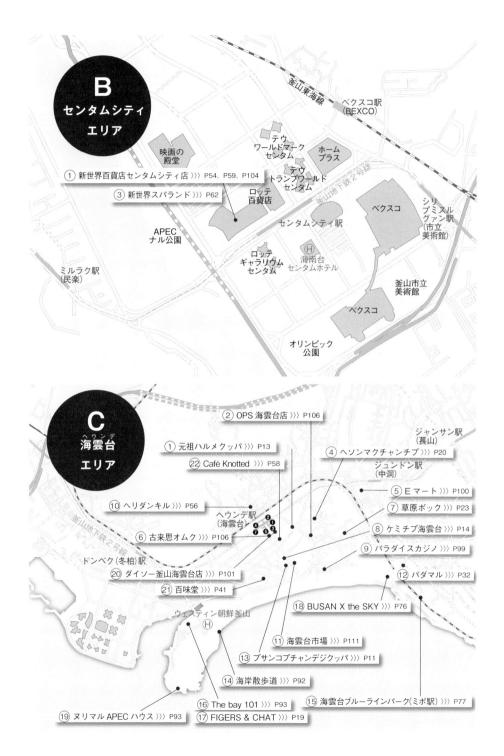

B
センタムシティ
エリア

釜山東海線

ベクスコ駅
(BEXCO)

映画の
殿堂

テウ
ワールドマーク
センタム

ホーム
プラス

① 新世界百貨店センタムシティ店 ⟩⟩⟩ P54、P59、P104

テウ
トランプワールド
センタム

③ 新世界スパランド ⟩⟩⟩ P62

ロッテ
百貨店

釜山地下鉄2号線

ベクスコ

シリ
ブミスル
グァン駅
(市立
美術館)

APEC
ナル公園

センタムシティ駅

ミルラク駅
(民楽)

ロッテ
ギャラリウム
センタム

Ⓗ
海南台
センタムホテル

釜山市立
美術館

ベクスコ

オリンピック
公園

C
ヘウンデ
海雲台
エリア

② OPS 海雲台店 ⟩⟩⟩ P106

ジャンサン駅
(萇山)

① 元祖ハルメクッパ ⟩⟩⟩ P13

④ ヘソンマクチャンチプ ⟩⟩⟩ P20

㉒ Café Knotted ⟩⟩⟩ P58

ジュンドン駅
(中洞)

⑩ ヘリダンキル ⟩⟩⟩ P56

⑤ E マート ⟩⟩⟩ P100

ヘウンデ駅
(海雲台)

⑦ 草原ポック ⟩⟩⟩ P23

釜山地下鉄2号線

⑥ 古来思オムク ⟩⟩⟩ P106

⑧ ケミチプ海雲台 ⟩⟩⟩ P14

⑨ パラダイスカジノ ⟩⟩⟩ P99

ドンベク(冬柏)駅

⑫ パダマル ⟩⟩⟩ P32

⑳ ダイソー釜山海雲台店 ⟩⟩⟩ P101

㉑ 百味堂 ⟩⟩⟩ P41

⑱ BUSAN X the SKY ⟩⟩⟩ P76

ウェスティン朝鮮釜山
Ⓗ

⑪ 海雲台市場 ⟩⟩⟩ P111

⑬ プサンコプチャンデジクッパ ⟩⟩⟩ P11

⑭ 海岸散歩道 ⟩⟩⟩ P92

⑯ The bay 101 ⟩⟩⟩ P93

⑮ 海雲台ブルーラインパーク(ミポ駅) ⟩⟩⟩ P77

⑲ ヌリマル APEC ハウス ⟩⟩⟩ P93

⑰ FIGERS & CHAT ⟩⟩⟩ P19

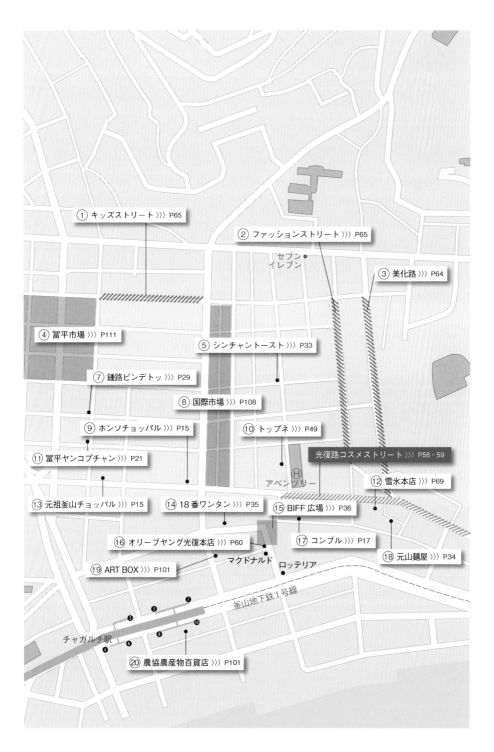

① キッズストリート 〉〉〉 P65

② ファッションストリート 〉〉〉 P65

セブン
イレブン

③ 美化路 〉〉〉 P64

④ 冨平市場 〉〉〉 P111

⑤ シンチャントースト 〉〉〉 P33

⑦ 鍾路ピンデトッ 〉〉〉 P29

⑧ 国際市場 〉〉〉 P108

⑨ ホンソチョッパル 〉〉〉 P15

⑩ トップネ 〉〉〉 P49

⑪ 冨平ヤンコプチャン 〉〉〉 P21

光復路コスメストリート 〉〉〉 P58・59

Ⓗ
アベンツリー

⑫ 雪氷本店 〉〉〉 P69

⑬ 元祖釜山チョッパル 〉〉〉 P15

⑭ 18番ワンタン 〉〉〉 P35

⑮ BIFF 広場 〉〉〉 P36

⑯ オリーブヤング光復本店 〉〉〉 P60

⑰ コンブル 〉〉〉 P17

⑱ 元山麺屋 〉〉〉 P34

⑲ ART BOX 〉〉〉 P101

マクドナルド

ロッテリア

釜山地下鉄1号線

チャガルチ駅

⑳ 農協農産物百貨店 〉〉〉 P101

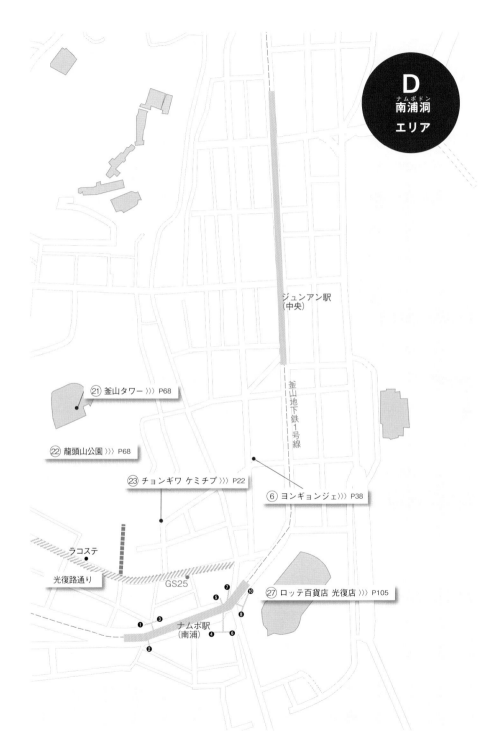

ジュンアン駅
(中央)

釜山地下鉄1号線

㉑ 釜山タワー ⟩⟩⟩ P68

㉒ 龍頭山公園 ⟩⟩⟩ P68

㉓ チョンギワ ケミチブ ⟩⟩⟩ P22

⑥ ヨンギョンジェ ⟩⟩⟩ P38

ラコステ

光復路通り

GS25

㉗ ロッテ百貨店 光復店 ⟩⟩⟩ P105

ナムポ駅
(南浦)

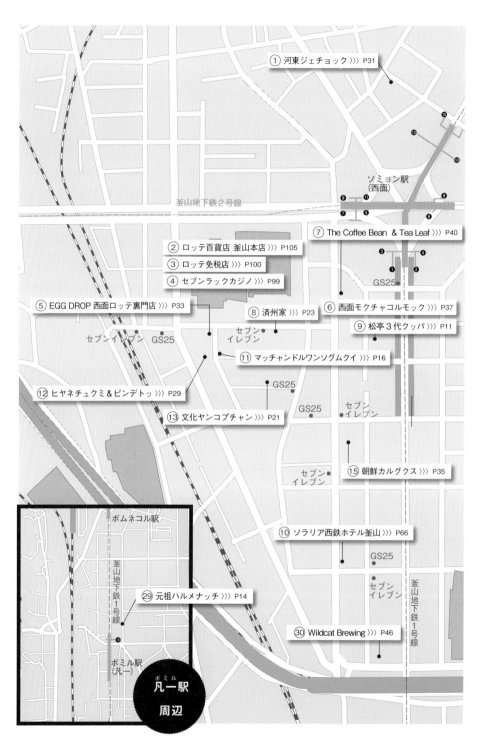

① 河東ジェチョック 》》》 P31

15

13

16

ソミョン駅
(西面)

9
11
8
7
5
6

釜山地下鉄2号線

⑦ The Coffee Bean & Tea Leaf 》》》 P40

② ロッテ百貨店 釜山本店 》》》 P105
③ ロッテ免税店 》》》 P100
④ セブンラックカジノ 》》》 P99

3
4
1
2
GS25

⑤ EGG DROP 西面ロッテ裏門店 》》》 P33

⑧ 済州家 》》》 P23

⑥ 西面モクチャコルモック 》》》 P37
⑨ 松亭3代クッパ 》》》 P11

セブンイレブン　GS25

セブン
イレブン

⑪ マッチャンドルワンソグムクイ 》》》 P16

⑫ ヒヤネチュクミ＆ピンデトッ 》》》 P29

GS25

⑬ 文化ヤンコプチャン 》》》 P21

GS25

セブン
イレブン

⑮ 朝鮮カルグクス 》》》 P35

セブン
イレブン

⑩ ソラリア西鉄ホテル釜山 》》》 P66

GS25

ボムネコル駅

セブン
イレブン

釜山地下鉄1号線

釜山地下鉄1号線

⑳ 元祖ハルメナッチ 》》》 P14

⑩

㉚ Wildcat Brewing 》》》 P46

ボミル駅
(凡一)

凡一駅
(ボミル)

周辺

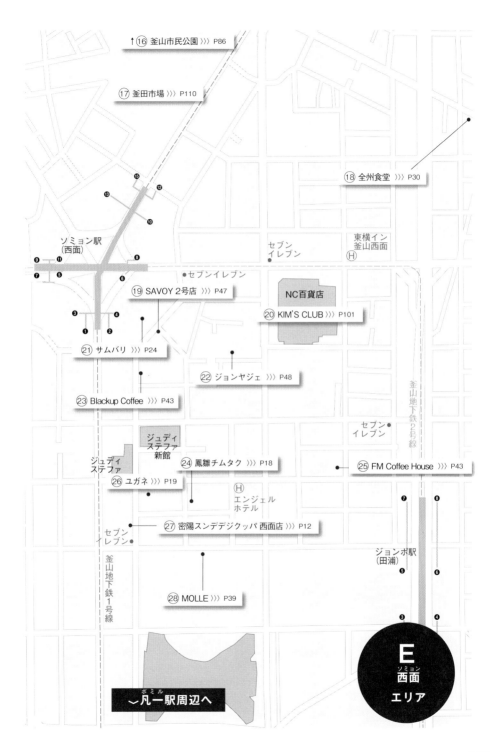

↑⑯ 釜山市民公園 〉〉〉 P86

⑰ 釜田市場 〉〉〉 P110

⑱ 全州食堂 〉〉〉 P30

ソミョン駅
(西面)

セブン
イレブン

東横イン
釜山西面
(H)

●セブンイレブン

⑲ SAVOY 2号店 〉〉〉 P47

NC百貨店

⑳ KIM'S CLUB 〉〉〉 P101

㉑ サムバリ 〉〉〉 P24

㉒ ジョンヤジェ 〉〉〉 P48

㉓ Blackup Coffee 〉〉〉 P43

セブン
イレブン

ジュディ
ステファ
新館

ジュディ
ステファ

㉔ 鳳雛チムタク 〉〉〉 P18

㉕ FM Coffee House 〉〉〉 P43

㉖ ユガネ 〉〉〉 P19

(H)
エンジェル
ホテル

㉗ 密陽スンデデジクッパ 西面店 〉〉〉 P12

ジョンポ駅
(田浦)

セブン
イレブン

釜山地下鉄1号線

釜山地下鉄2号線

㉘ MOLLE 〉〉〉 P39

〜凡一駅周辺へ

E
ソミョン
西面
エリア

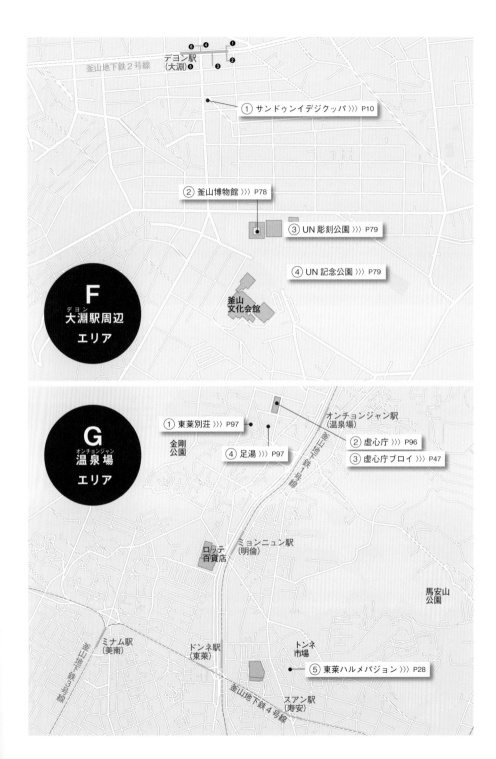

釜山地下鉄2号線
デヨン駅
(大淵)

① サンドゥンイデジクッパ 》》 P10

② 釜山博物館 》》 P78

③ UN彫刻公園 》》 P79

④ UN記念公園 》》 P79

釜山文化会館

F
デヨン
大淵駅周辺
エリア

G
オンチョンジャン
温泉場
エリア

① 東莱別荘 》》 P97

金剛公園

④ 足湯 》》 P97

オンチョンジャン駅
(温泉場)

② 虚心庁 》》 P96

③ 虚心庁ブロイ 》》 P47

ミョンニュン駅
(明倫)

ロッテ
百貨店

馬安山
公園

ミナム駅
(美南)

ドンネ駅
(東莱)

トンネ
市場

⑤ 東莱ハルメパジョン 》》 P28

スアン駅
(寿安)

釜山地下鉄4号線

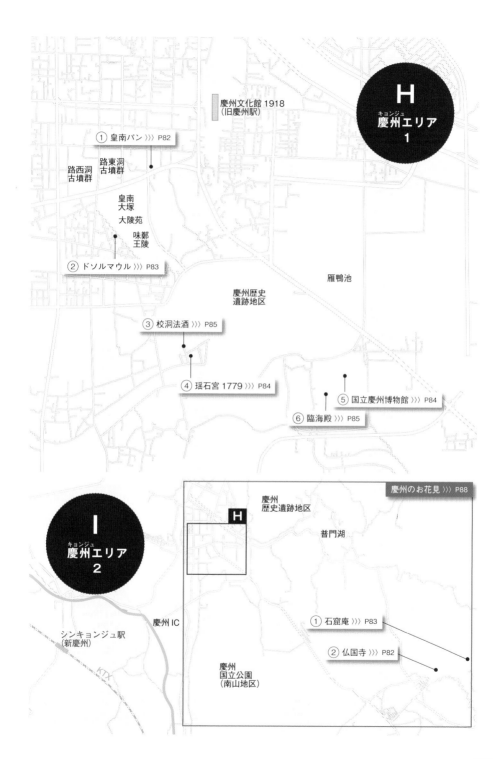

慶州文化館 1918
（旧慶州駅）

① 皇南パン 》》》 P82

路西洞 路東洞
古墳群 古墳群

皇南
大塚
大陵苑
味鄒
王陵

② ドソルマウル 》》》 P83

雁鴨池

慶州歴史
遺跡地区

③ 校洞法酒 》》》 P85

④ 瑶石宮 1779 》》》 P84

⑤ 国立慶州博物館 》》》 P84

⑥ 臨海殿 》》》 P85

H
キョンジュ
慶州エリア
1

I
キョンジュ
慶州エリア
2

慶州のお花見 》》》 P88

慶州
歴史遺跡地区

H

普門湖

慶州 IC

シンキョンジュ駅
（新慶州）

慶州
国立公園
（南山地区）

① 石窟庵 》》》 P83

② 仏国寺 》》》 P82

企画・取材・執筆・撮影・編集
上田瑞穂
うえだみずほ

海外渡航国数十カ国以上、うち渡韓回数は 50 回を超える。JR 九州高速船(株) 発行の「釜山・慶州街歩きＭＡＰ」の撮影・取材・編集を全て一人で担当し釜山通いを続けるうちに、大の釜山ファンに。「月刊はかた」「月刊九州王国」両誌編集長、「月刊江戸楽」編集人。責任編集本に「九州の逸品 100 選」「関東ＶＳ九州　逸品対決！」「釜山へ行きたい！」など。

デザイン・DTP
KAJIRUSHI ／中川内さおり

週末、韓国へ
釜山を楽しむおとな旅

2023年　12月25日	第1版・第1刷発行
2024年　 9 月15日	第1版・第3刷発行

著　者　　上田 瑞穂（うえだ みずほ）

発行者　　株式会社メイツユニバーサルコンテンツ

　　　　　代表者　大羽 孝志
　　　　　〒102-0093　東京都千代田区平河町一丁目1-8

印　刷　　株式会社厚徳社

ご意見・ご感想はホームページから承っております。
ウェブサイト　https://www.mates-publishing.co.jp/

企画担当：小此木千恵

※本書は 2017 年発行の『釜山 オトナ女子のすてきな週末 ときめくプサンの楽しみ方 51 』の一部を再編集し、情報更新、加筆・修正をしたうえで、書名・装丁を変更したものです。